PRÁCTICA DE LA ORACIÓN

ANTHONY DE MELLO

Práctica de la oración

Edición comentada de los "Apuntes sobre la oración"

Editorial **LUMEN**
Buenos Aires

Anthony de Mello
Práctica de la oración
(Edición comentada de los "Apuntes sobre la oración")
Editorial Lumen
Buenos Aires

2.ª edición 1996

Director de colección: padre Luis Glinka, ofm

Lo Apuntes sobre la oración *se publican por especial autorización del Centrum Ignatianum Spiritualitatis, de Roma.*

Comentarios y textos adicionales: Horacio García Durigan y Lucas Pérez Colman
Proyecto, coordinación y redacción final: Enrique F. Savransky

Creación fotográfica: Rubén A. Spaggiari
Modelo fotográfico: Lucas Pérez Colman
Diagramación: Enrique F. Savransky
Diseño de tapa: Oscar Sánchez

Fotos de archivo provistas por Foto Prensa Sudamericana (FPS). Autores: Roberto Ruiz (págs. 3, 96-7, 89), Chapuis (págs. 32-3), Alfred Yaghobzadeh (págs. 48-9), J. Torregano (págs. 64-5), Ludwig (págs. 80-1), Sichov (págs. 112-3), Ben Simmons (págs. 121).

© 1993
Editorial Distribuidora LUMEN S.R.L.
Viamonte 1674
(1055) Buenos Aires
Tels. 49-7446 y 814-4310
Fax (54-1) 814-4310

Prólogo

En 1975, en el número 19 de la revista *CIS* (del Centrum Ignatianum Spiritualitatis, publicada en Roma), aparecieron unos *Apuntes sobre la oración,* escritos por el padre Anthony de Mello, quien los había distribuido entre los asistentes a la Trigésima Segunda Congregación General de la Compañía de Jesús, para los cuales había dictado previamente unas lecciones sobre la práctica de la oración.

Estos *Apuntes,* muy breves, esquemáticos y depurados —casi "ascéticos"—, constituyen un precioso tesoro espiritual formado por 42 ejercicios destinados a preparar, facilitar y desarrollar la capacidad de orar, así como a predisponer al practicante para la contemplación de Dios. La principal virtud de tales notas estriba en que constituyen, sobre todo, una quintaescencia de las ideas sustentadas y expuestas por Anthony de Mello acerca de la práctica de la oración. La brevedad, la síntesis y el poder de sugerencia con que están redactados tales *Apuntes* les proporcionan un encanto y una utilidad muy especiales. En efecto, permiten evocar y revivir, en forma rápida y precisa, a través de su breve lectura, las enseñanzas del padre de Mello sobre el tema de la oración. Pero, para que se pueda sacar provecho de esa lectura, es necesario conocer previamente, en la teoría o en la práctica, dichas enseñanzas.

Ellas están presentadas con sumo detalle y profundidad, por el propio Anthony de Mello, en su libro *Sádhana, un camino de oración* (Editorial Sal Terrae, Santander; primera edición: 1979), que reúne los ejercicios de oración y contemplación propuestos a los grupos organizados incansablemente por el autor durante la mayor parte de su vida sacerdotal. En última instancia, *Sádhana* no es sino un desarrollo y una elaboración de los *Apuntes.* Pero con esta ampliación se pierde el carácter sintético y sugerente tan peculiar de éstos, que hemos señalado.

De allí la importancia de rescatar los *Apuntes,* publicándolos tal como fueron concebidos originariamente. Pero, para facilitar la comprensión y la práctica de los ejercicios allí propuestos, la Editorial Lumen ha tenido la acertada idea de acompañarlos —en esta edición— con breves comentarios y explicaciones específicas, así como de hacerlos preceder por una adecuada presentación general y por sendas introducciones a las tres partes en que dichos ejercicios están agrupados. Así nació esta obra: *Práctica de la oración (Edición comentada de los "Apuntes sobre la oración")*; en ella, el texto de los *Apuntes* (que consiste en la apretada descripción de cada ejercicio) conserva su independencia y se ubica siempre en página impar.

Al sernos encomendada la delicada tarea de redactar los textos complementarios de los *Apuntes*, la asumimos conscientes del compromiso que significa interpretar y glosar las ideas de una personalidad tan admirada, y a la vez discutida, como el padre Anthony de Mello. Pero nos hemos guiado por las enseñanzas que él ha dejado escritas y, sobre todo, nos hemos sentido amparados por la proverbial libertad que él siempre se concedió a sí mismo y que también preconizó para los practicantes. A ellos los autoriza, explícitamente, a elegir el orden de los ejercicios de acuerdo con sus preferencias, modalidades e idiosincracia, así como a modificar esos ejercicios dentro de ciertos límites. Para él lo importante es que se logre captar y llevar a la práctica la·esencia, el sentido y la finalidad de cada técnica propuesta en general y de cada ejercicio en particular.

Por ello, en muchos casos hemos sugerido variantes y agregado precisiones que aclaran los breves y estimulantes textos de Anthony de Mello, tratando siempre de respetar su espíritu. En particular, entre las diversas fotografías que enriquecen visualmente esta edición, hemos incluido muchas que ilustran posiciones corporales de origen yoga; éstas no están en general descriptas por el autor en sus ejercicios, si bien a veces las sobreentiende. Nosotros las presentamos como propuestas tendientes a facilitar y estimular la práctica de la oración.

A lo largo de nuestro trabajo, en el que hemos intentado —respetuosamente y con la mayor fidelidad posible— una "pequeña exégesis" de los *Apuntes sobre la oración*, hemos tenido presente, en todo momento, la actitud que el padre Anthony de Mello adoptó durante su existencia y que, consecuentemente, aplicó también a la práctica de la oración. Tal como él mismo lo expresó: "Me he adentrado con toda libertad en tradiciones místicas no cristianas, que me han influido y enriquecido espiritualmente", pero la Iglesia "es mi verdadero lugar espiritual" *(El canto del pájaro, Editorial Lumen, Buenos Aires).*

H. G. D. – L. P. C. – E. F. S.

Si en los primeros años de mi camino espiritual me hubiesen preguntado qué querría yo que la gente dijera en alabanza mía, yo habría contestado: "que digan que soy un santo". Algunos años más tarde habría contestado: "que digan que soy un hombre de gran corazón". Y ahora lo que quiero que digan de mí es... que soy un hombre libre.

ANTHONY DE MELLO (1931-1987)

Presentación general

Pedid y se os dará;
buscad y hallaréis;
llamad y se os abrirá.
Mateo 7, 7
Lucas 11, 9

Parece innegable que el ser humano tiene una propensión natural hacia la religiosidad y la mística. Desde los tiempos más remotos, esta inclinación se plasmó en el intento de aproximación a Dios a través del diálogo, implícito en la oración.

En el antiguo Egipto, en Sumeria, tanto en la India como en China o en Java, entre los mayas, los aztecas y los incas, y aun en los denominados pueblos arcaicos, los hombres han orado. Y lo han hecho en las más diversas posiciones: de hinojos, de pie, sentados, reclinados, acostados, con los brazos en alto o en cruz, con las palmas de las manos unidas. Y han recurrido a los más variados lugares: la soledad de las ermitas, la intemperie de los desiertos, las montañas o los bosques, la intimidad de las congregaciones, los monasterios, los templos, el grupo familiar.

Musulmanes, judíos, hindúes, budistas y cristianos confían en la oración como un camino de "re-ligación" con Dios. Para los cristianos, en particular, la oración reviste un importancia fundamental. La exhortación a orar constantemente (1 Ts 5, 17), en toda ocasión (Ef 6, 18) y en todo lugar (1 Tm 2, 8) es reiterada, en muchas oportunidades, a lo largo del Nuevo Testamento. Y el propio Jesús oró en las circunstancias y sitios más diversos (en el desierto, en la montaña, en el huerto). Pero, ¿qué es exactamente la oración?

La oración cristiana. La importancia y la trascendencia de la oración es tal que, para la Iglesia, no sólo es un reflejo o una manifestación de la fe, sino que, propiamente, "*es el misterio de la fe*". "Este misterio exige que los fieles crean en él, lo celebren y vivan de él en una relación viviente y personal con Dios vivo y verdadero. Esta relación es la oración." (*Catecismo de la Iglesia Católica*, Editorial Lumen, Montevideo-Buenos Aires; primera edición: diciembre de 1992).

La oración es comunicación, diálogo, comunión, alianza con el Señor. Es un movimiento voluntario, y a veces espontáneo, del alma hacia Dios, que alcanza su objetivo por obra del mismo a quien se dirige. En efecto, la oración es un don de Dios. La oración es una técnica, un arte y una gracia, pero también es algo mucho más sencillo. *Sólo pensar en Dios ya es orar*, y la presencia de Dios está en todas las cosas.

Hay diversos tipos de oración, que se definen por el propósito que se persigue al orar. En primer término están las oraciones de súplica, petición o impetración; las de intercesión; las de reparación o arrepentimiento; las de veneración o alabanza; las de acción de gracias. En estos casos la oración es generalmente vocal, y se practica tanto en voz alta como en voz baja o susurrada, e incluso cantada o salmodiada. Pero también la oración puede ser mental, es decir, puede no recurrir a la articulación de palabras sino sólo a imágenes y pensamientos. E incluso existe la oración con el cuerpo, que se manifiesta a través de la danza o la mímica. Todo lenguaje es útil para llegar al Señor.

En segundo término, después de los tipos de plegaria mencionados, se encuentra una expresión o un grado de la oración que es la *meditación*. Ésta consiste en una búsqueda, una reflexión y un esfuerzo dirigidos a comprender aspectos de la vida cristiana y de la presencia de Dios *(meditación discursiva)*, o bien en una apertura del alma al conocimiento directo de Dios mediante la intuición *(meditación intuitiva)*. En este último caso, ya se está en camino a la *contemplación*, que es la suprema expresión de la oración.

En la meditación "es como si golpeáramos un pedernal para arrancarle una chispa"; en cambio, "en la contemplación ya existe la chispa: el amor que estamos buscando allí está; el alma goza del silencio y de la paz, no por medio de razonamientos sino simplemente en la contemplación de la Verdad; *la meditación es el medio, la contemplación es el fin*" (san Pedro de Alcántara). La contemplación es comunicación directa con Dios, sin emplear palabras, imágenes ni conceptos; es la verdadera o.ación del corazón u oración intuitiva. En la contemplación el alma se llena de la presencia de Dios.

El padre Anthony de Mello y la oración. Tony, como lo llamaban sus discípulos y amigos, nació en Bombay (India) en el año 1931 y murió en Nueva York en 1987. Ejerció su ministerio sacerdotal en la Compañía de Jesús e incorporó a su prédica cristiana elementos válidos de las filosofías, las tradiciones y las religiones orientales. Considerado por muchos como un profeta, un *guru* y un maestro, centró sus enseñanzas espirituales en la práctica de la oración, que difundió mediante cursos, conferencias y ejercicios espirituales, así como a través de diversas publicaciones. Pero, sobre todo, se hizo famoso por sus muchos libros en los que recoge y recrea cuentos breves, relatos y apólogos de origen principalmente oriental, pero también cristiano, que contienen enseñanzas morales y espirituales presentadas de manera tal que son capaces de producir una transformación interior en quien los lee o escucha.

La vasta experiencia del padre Anthony de Mello como "director de almas" y al frente de retiros espirituales le permitió comprobar que, para muchísimas personas, orar resulta arduo, tedioso y desalentador. Pero esto no debería ser así, si se tuvieran en cuenta las acechanzas que aparecen a lo largo del camino de la oración y la manera de evitarlas. Para ello, para impedir tantas frustraciones y ayudar a los practicantes a perseverar con éxito en su esfuerzo, Anthony de Mello desarrolló una técnica adecuada para la oración. La extrajo de su vivencia personal, de su práctica de la oración ignaciana, de su experiencia sacerdotal, de su inmersión en la cultura de la India y de su contacto con las prácticas religiosas orientales, así como de sus vastos conocimientos de psicología contemporánea. Aunque no organizó su técnica en forma de principios teóricos sino, más bien, como secuencia de ejercicios prácticos, de sus obras escritas se desprenden varios principios básicos:

1) La oración es una práctica que, cuando se realiza adecuadamente, brinda una gozosa plenitud, y es legítimo buscar este resultado.

2) La oración es una parte muy importante de la vida religiosa, pero también debe serlo de la vida cotidiana, y en muchos casos es posible practicarla en lugares no tradicionales, fuera de la iglesia, la congregación o la familia.

3) Es muy importante sentirse libre durante la oración, libre de dar una respuesta personal al llamado de Dios, sin imposiciones ni presiones, y dejándose llevar sólo por la fe, la confianza, la devoción y los propósitos legítimos que impulsan a orar en cada circunstancia.

4) Es necesario no sólo aprender a hablar a Dios en la oración, sino también aprender a escucharlo.

5) Llegar a la contemplación de Dios a través de la oración no es un privilegio minoritario de unos pocos místicos, sino un derecho elemental de todo cristiano.

6) Además de su función espiritual, la oración tiene un efecto psicológico terapéutico y sirve de ayuda para desarrollar la personalidad de quien la practica.

7) Uno de los principales enemigos de la oración es la ten-

sión nerviosa; la relajación y la quietud interior son condiciones imprescindibles para orar.

8) Las técnicas que utiliza el yoga para lograr la relajación, así como para "meditar" y —eventualmente— alcanzar la "iluminación", no sólo son aceptables y válidas para la práctica de la ración cristiana, sino que son sumamente útiles e incluso necesarias.

9) La oración debe hacerse más con el corazón que con la mente, para tender a la contemplación.

10) El silencio interior, tanto de la mente como del corazón, permite encontrarse a sí mismo y encontrar a Dios.

11) La utilización de la palabra para conducir al silencio es una técnica que produce resultados asombrosos, como cuando se reza la Oración de Jesús y se realizan otras prácticas comunes en el cristianismo oriental o adaptadas del hinduismo y de otras religiones.

12) Para orar adecuadamente es fundamental desarrollar la capacidad de entrar y permanecer en contacto con el presente, sin depender del pasado ni del futuro; para ello, resulta muy útil volverse hacia los sentidos, concentrándose en ellos (pues son puro presente).

13) La revelación que puede experimentarse en la contemplación no es un conocimiento sino un poder transformador.

14) Resulta muy eficaz utilizar la imaginación y la fantasía como una técnica para abrir el corazón a Dios y al gozo de esta comunión.

15) Para avanzar en el camino de la contemplación no es necesario emplear técnicas cada vez más complicadas (que exigen esfuerzo mental), sino perseverar en la simplicidad que es propia del corazón.

16) Aunque es legítimo sacar provecho de toda enseñanza apta para facilitar la práctica de la oración, el único y gran maestro al respecto es Jesús. Esto implica aceptar y aplicar sus enseñanzas, sobre todo reconocer la importancia de la oración de petición y tener en cuenta que la oración es un don del Espíritu Santo, que "viene en ayuda de nuestra flaqueza" (Rm 8, 26), sin olvidar nunca que para orar al Padre hay que hacerlo en el nombre del Hijo y que una gran ayuda se puede obtener pidiendo la intercesión de la Virgen.

El yoga y el cristianismo. Muchas veces, a lo largo de la historia, el cristianismo incorporó prácticas y elementos tradicionales originados en Oriente. Inicialmente, la ubicación geográfica de la Tierra Santa favoreció contactos e influencias, que luego no se desarrollaron e incluso se fueron debilitando en Occidente, donde la mentalidad imperante difería —y aún difiere— sustancialmente de la oriental. En las iglesias cristianas ortodoxas se afirmaron y conservaron muchas de aquellas prácticas, como es el caso del *hesicasmo* (conjunto de enseñanzas espirituales que se aplican a la "oración interior", reunidas principalmente en la *Filocalia)*.

Mientras tanto, periódicamente, destacados representantes de la Iglesia católica, sobre todo como consecuencia de las labores misioneras, recibieron aportes exóticos que enriquecieron sus concepciones y prácticas místicas. Tal lo que sucedió con san Juan de la Cruz y el beato Raimundo Lulio, que recibieron influencias musulmanas (principalmente del sufismo). Y la vida devota de san Francisco de Asís presenta un notable parecido con la que es habitual entre los yoguis y los ascetas de Oriente, lo cual explica que sea venerado no sólo por los católicos, sino también por los cristianos ortodoxos. Pero el ejemplo más conspicuo de influencias orientales es el de los *Ejercicios espirituales* de san Ignacio de Loyola, en los que se encuentran sugestivas semejanzas con ciertas enseñanzas yogas y budistas.

El largo y a veces accidentado proceso de reconocimiento y aceptación de otras fuentes espirituales fue coronado, en 1965, por la declaración del Concilio Vaticano Segundo que exhorta a los católicos a que "reconozcan, guarden y promuevan los bienes espirituales y morales" de otras religiones. Y es así que, de la mano de Anthony de Mello, el yoga se incorpora, por derecho propio, como un instrumento utilísimo y hasta necesario para la práctica de la oración.

¿Qué es el yoga? El yoga se ha difundido últimamente en muchos países de Occidente, pero con un enfoque bastante inexacto. Es así que muchos creen que consiste en una "gimnasia" o —a lo sumo— una técnica de relajación. Pero, en realidad, es algo mucho más rico, complejo y trascendente. Más que una técnica para obtener "resultados prácticos", es una doctrina filosófico-religiosa, originada hace varios miles de años en la India, que persigue objetivos ascéticos y místicos alcanzables por la vía del desarrollo individual. Pero el yoga no ha permanecido aislado. En el curso de la historia, sus enseñanzas y prácticas se han incorporado, en mayor o menor medida, a religiones y filosofías como el hinduismo, el budismo, el jainismo y, más cerca nuestro, el cristianismo oriental.

Los sistemas filosófico-religiosos de Oriente —y, sobre todo, de la India— no hacen generalmente una diferenciación neta entre vida religiosa y vida secular. En la práctica, esto se traduce no sólo en una sacralización de lo cotidiano, sino también en la valorización del cuerpo como "instrumento" para llegar a Dios. Esto es, precisamente, lo que sucede en el caso del yoga, cuyo objetivo es, a través del *dominio* de las energías sutiles del cuerpo, lograr el *control* de la mente y, luego, la purificación y elevación del espíritu. Se trata de un largo y arduo proceso de *unificación interior*, que debe permitir llegar —en última instancia y como consecuencia de ese proceso— al objetivo supremo: el *samadhi,* o sea el éxtasis, la iluminación, la *unión* con la Divinidad.

La propia palabra "yoga" alude a dicho proceso, pues tiene su origen en una raíz sánscrita que significa, a la vez, "dominio" y "unión". Para lograr estos objetivos implícitos en su nombre, las distintas corrientes del yoga hacen mayor hincapié en uno u otro de los tres principales elementos con que trabaja: el cuerpo, la mente, el espíritu. De allí se derivan las tres formas tradicionales más difundidas del yoga: el *hatha yoga,* que se centra en la utilización y el manejo de las energías corporales sutiles; el *raja yoga,* que se ocupa principalmente de la concentración de la mente y de su aquietamiento; y el *bakti yoga,* que hace de la devoción su principal objetivo, a la vez que la utiliza como medio eficaz para alcanzar la unión con Dios.

Aunque en su país de origen subsisten dichas variantes del yoga y muchas otras, ha existido siempre una tendencia a integrarlas. Sobre todo, después de que, hacia el siglo II a.C., el sabio indio Patáñjali sistematizó la filosofía y la práctica del yoga, estableciendo ocho etapas, que son: 1) abstención de acciones y pensamientos impuros; 2) cumplimiento de mandamientos morales; 3) trabajo de posturas corporales (*ásanas*); 4) control de la energía a través de la respiración (*pranayama*); 5) orientación de los sentidos hacia la interioridad (introversión sensoria); 6) concentración de la mente; 7) meditación sobre objetos y sobre la Divinidad (meditación devocional); y, finalmente, 8) comunión divina o iluminación (*samadhi*).

Importancia del yoga para la práctica de la oración. Como toda actividad humana, la oración requiere condiciones favorables para su realización. Por tratarse de una actividad religiosa —y precisamente de una de las más trascendentes y "religantes"—, la oración se relaciona con todos los ritos, prácticas, vivencias y dogmas de la religión. Éstos siempre contribuyen a crear el clima de armonía interior necesario para orar, y muchas veces tienen esa finalidad específica. En ciertas ocasiones, dicho clima se da espontáneamente, como producto de una fe muy intensa y hasta de un éxtasis místico. Pero estos casos son excepcionales. Decía san Ignacio de Loyola que es necesario prepararse para la oración. Y lo habitual es que la creación de un ambiente adecuado para la comunicación y comunión con Dios a través de la plegaria se alcance mediante un largo proceso de autoperfeccionamiento gradual, en el que el aprendizaje consciente juega un papel muy importante. En última instancia, la experiencia obtenida, la vivencia de la profundidad de la oración, será la piedra de toque, la confirmación, de que es posible alcanzar la unión mística con Dios gracias a la oración, en una suerte de comunión que no implica confusión ni pérdida de identidad.

Las técnicas yogas pueden ser un poderoso aliado para los cristianos, laicos o religiosos, que decidan adentrarse en el sagrado camino de la oración. Como ya dijimos, el yoga no es enteramente extraño para el cristianismo: tanto en el cristianismo oriental como en los *Ejercicios espirituales* de san Ignacio de Loyola se encuentran rastros e influencias. Los elementos que el padre Anthony de Mello tomó del yoga para aplicarlos a la práctica de la oración provienen, básicamente, de las tres formas principales del yoga tradicional (hatha, raja y bakti yoga). Los ejercicios que propone siguen, en general, el orden de las etapas establecidas por Patáñjali.

Pero Anthony de Mello no se limita al yoga. En una actitud a la vez ecléctica y pragmática, que revela su amplitud de criterio, apela también a algunos ejercicios adaptados del budismo tibetano y a prácticas propugnadas por san Ignacio en sus *Ejercicios espirituales*, sin desdeñar ciertos recursos tomados de la psicología contemporánea. Y, detrás de todos estos aportes renovadores y enriquecedores, se halla siempre presente, subyacente, la vasta y rica experiencia cristiana en materia de oración, originada en el magisterio de Jesús.

A grandes rasgos, la filosofía de Anthony de Mello acerca de la práctica de la oración se podría sintetizar diciendo que —tal como él la encara— es legítimo recurrir a todas las técnicas y todos los procedimientos compatibles con las enseñanzas cristianas para que el practicante pueda cumplir con éxito los objetivos espirituales, psicológicos y personales de la oración, y, en última instancia, pueda llegar a la contemplación. A lo largo de ese camino, se debe recordar permanentemente que *fuera del tiempo, en el silencio interior, se hace patente la presencia de Dios.*

Cómo utilizar este libro. Los ejercicios propuestos por Anthony de Mello en sus *Apuntes sobre la oración* son los pilares maestros alrededor de los cuales está construida la obra *Práctica de la oración.* Por lo tanto, consideramos que quien haya llegado hasta aquí en su lectura debería ahora tratar de empaparse del contenido de dichos ejercicios "en estado puro", es decir, de leerlos uno tras otro en el orden en que están presentados, prescindiendo de los comentarios. Desprovistos de explicaciones y aclaraciones, los ejercicios resultarán quizá difíciles de comprender racionalmente, así como de llevar a la práctica; pero, tal como están escritos, tal como resultan de su origen (modestos "apuntes" o simple "ayuda memoria"), tienen un gran poder inspirador. Son como poemas, que crean un clima pleno de sugerencias, al penetrar en la mente y en el corazón por una vía que no es sólo la racional. De esta manera, condicionan el espíritu para la práctica posterior, sistematizada y apoyada en el conocimiento y en una comprensión racional.

Entonces —después de haber leído sólo los ejercicios del padre de Mello—, el paso siguiente debería ser leerlos nuevamente, pero ahora junto con sus respectivos comentarios, que tratan de aclarar, explicar y desarrollar los sucintos textos de dichos ejercicios. De esta manera el lector tendrá un panorama general de la obra y estará en condiciones de decidir en qué orden estudiar y practicar los ejercicios. En este aspecto —y en muchos otros—, Anthony de Mello deja amplia libertad al practicante. Será conveniente que éste recurra a su intuición, al conocimiento de sí mismo y al "método de ensayos y errores" para determinar, además del orden, ciertos detalles de cada ejercicio, así como su duración y la cantidad de veces que lo debe repetir antes de pasar al siguiente.

Aun siendo los comentarios más extensos y de carácter más discursivo que los ejercicios, tienen en buena medida las mismas limitaciones que éstos. En efecto, no todo puede definirse, explicarse ni pautarse en el tema que nos ocupa. Internarse en los caminos que conducen hacia Dios significa entrar en los dominios de lo inefable, de lo que sólo se puede sugerir con metáforas y alegorías y comprender con la intuición, con la luz del corazón. Por lo tanto, este libro está muy lejos de ser un "tratado sobre la oración", porque tal cosa simplemente no existe. A lo sumo constituye una guía orientadora e inspiradora. Como tal hay que considerarlo y utilizarlo.

Perfecta es la plegaria
cuando aquel que la eleva
no piensa que está orando.

SAN PEDRO DE ALCÁNTARA

Introducción

En la India se suele decir que, cuando el agua de un lago se encuentra en una quietud total, las luces del cielo se reflejan en ellas como en un espejo. Con esta alegoría se muestra que, para que el Cielo se refleje en el alma, para que ésta se abra a la comunicación con Dios, es necesario relajar el cuerpo, concentrar la mente y serenar el espíritu.

Pero no se trata de lograr un estado de quietud y paz interior comparable a la no existencia. Todo lo contrario. "Velad y orad", dijo en repetidas ocasiones Jesús. Velar significa estar atento, alerta, en un estado de conciencia lúcido que ayuda a "recogerse interiormente" y a orar. Esta es la serenidad que hay que lograr. Para ello, son muchos los obstáculos que se deben vencer. El camino de la oración se presenta como un combate "contra nosotros mismos y contra las astucias del Tentador" (*Catecismo de la Iglesia Católica*). Partiendo del supuesto de que no existen o se han superado escollos psicológicos como la pereza o la falta de perseverancia, o impedimentos espirituales como la falta de fe o la "sequedad del corazón", subsisten normalmente dificultades de origen mental.

La tensión nerviosa, las distracciones, los pensamientos erráticos o "ruidos" internos son obstáculos que se interponen en el camino de "ponerse en contacto con uno mismo para ponerse en contacto con Dios", como dice Anthony de Mello. Esos obstáculos impiden alcanzar el silencio y la quietud interior, no permiten salirse del río del tiempo, experimentando la vivencia del puro presente, y obstruyen el libre ejercicio —sin trabas físicas ni mentales— de la devoción hacia Dios, cuya presencia se hace patente precisamente en los momentos en que se dan esas circunstancias favorables.

Por eso, para avanzar en el camino de la oración es necesario vencer esos obstáculos. A ello tienden los ejercicios propuestos por Anthony de Mello en esta primera parte.

Por un lado, los ejercicios tienen como objetivo crear condiciones favorables para orar. Pero, por otro, cuando se los realiza bien —con eficiencia, de manera placentera y sin esfuerzo— constituyen, en sí mismos, una forma de oración: la contemplación.

En general, cuando se comienza a practicar un ejercicio conviene recurrir a un lugar aislado y tranquilo, por lo menos hasta que se llegue a poder realizarlo con un grado aceptable

Primera parte

El cuerpo y los sentidos (percepción)

---

de eficacia y soltura. Entonces muchos de ellos podrán llevarse a cabo en presencia de circunstanciales espectadores o en lugares públicos (plazas, calles, medios de transporte).

Para comenzar conviene, pues, disponer de un lugar tranquilo, lo más silencioso posible y —además— agradable, realizando la práctica en circunstancias en que sea difícil que se produzcan interrupciones o molestias originadas en el exterior. Antes de cada ejercicio, e independientemente de la postura que éste requiera, debe elegirse una actitud corporal cómoda, con la espalda generalmente en posición recta y la ropa no muy pegada ni ajustada al cuerpo, tratando de sentirse lo más "flojo" y relajado posible y dejando de lado los problemas personales y las situaciones cotidianas (esto no resulta fácil al principio, pero hay que intentarlo). Practicar unos minutos de respiración lenta y profunda (llenando y vaciando totalmente los pulmones) puede constituir una buena ayuda. También puede ser útil encender un sahumerio de sándalo (asegurándose previamente de que no esté elaborado con esencias artificiales); el aroma del sándalo produce un efecto miorrelajante, que favorece la distensión y la concentración.

La actitud mental deberá ser de "tranquila expectación", es decir, como la de un "testigo" que observa fríamente sus propios procesos interiores, sobre todo el ir y venir de la atención, que se debe dirigir siempre desde las sensaciones corporales hacia las internas. No hay por qué reprocharse cuando la atención se desvía de su objetivo; pero, en cambio, debe tratarse de subsanar el problema. Por lo pronto, deben evitarse las distracciones provenientes del exterior (ruidos, luces intensas, etcétera). Pero también las que se originan en el interior del practicante, que son los pensamientos —todos, en general—, así como aquellas sensaciones e imágenes perturbadoras y erráticas (cargadas de preocupación, ansiedad, deseo o rechazo, es decir, de contenidos "mundanales"). Los pensamientos,

19

de cualquier tipo que sean, siempre impiden relajarse y concentrar la atención. Las sensaciones e imágenes, en cambio, no siempre producen distracciones. Es más, hay algunas (como las sensaciones e imágenes "vivenciales", originadas en el interior del organismo y que reflejan su funcionamiento regular y normal) que, si se las *contempla* con una actitud mental adecuada, sirven precisamente para desalojar de la conciencia a todos los elementos perturbadores, favoreciendo así la relajación y la concentración. Eliminar los mencionados elementos distractivos "endógenos" (o sea, originados en nuestra interioridad) es el principal objetivo de la mayoría de los ejercicios de esta primera parte.

Como técnica de aplicación general, y para comenzar, un buen recurso tendiente a eliminarlos es observar dichos pensamientos, imágenes y sensaciones sin resistirse a ellos ni identificarse con ellos, como si fueran ajenos, manteniendo siempre a la atención como "observadora". Tratar de tomar conciencia de cada uno de esos elementos distractivos endógenos a medida que van surgiendo —es decir, pensar que acaba de aparecer tal o cual pensamiento, imagen o sensación— interrumpe el proceso de su aparición. Es, al decir de un proverbio indio citado por Anthony de Mello, como "sacar una espina con otra espina".

Aunque la devoción es un elemento muy importante de algunos ejercicios de esta primera parte, no es por ahora el objetivo central. Pero, de todos modos, la actitud espiritual predominante al realizarlos debe ser de completa entrega y confianza, como cuando uno se prepara para visitar a un amigo muy querido.

Siempre conviene recordar que estos ejercicios —así como la oración, a la que conducen y contribuyen a preparar— no deben constituir una mortificación sino algo que produce placer o, por lo menos, alivio. De modo que no es aconsejable "forzarse a sí mismo". Todo lo que signifique contrariar la propia idiosincrasia o las circunstancias en que uno se encuentra momentáneamente constituye un impedimento para lograr los objetivos propuestos. Y ya son bastantes los obstáculos naturales que hay que superar. Por ello, para lograrlo, se debe avanzar gradualmente pero con perseverancia, "sin prisa pero sin pausa", y sin someterse a situaciones que puedan crear tensión o molestias.

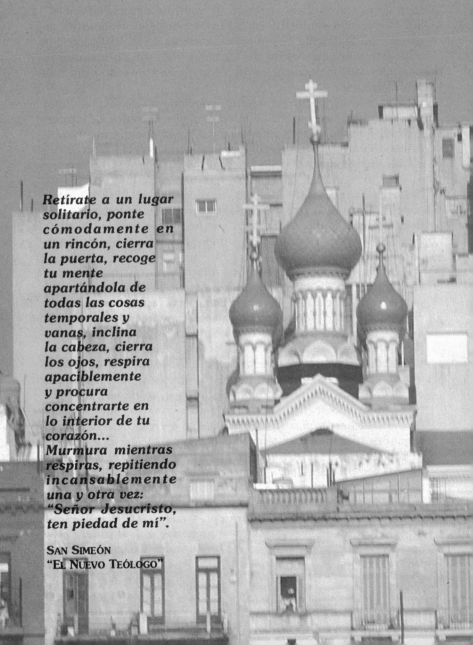

Retírate a un lugar solitario, ponte cómodamente en un rincón, cierra la puerta, recoge tu mente apartándola de todas las cosas temporales y vanas, inclina la cabeza, cierra los ojos, respira apaciblemente y procura concentrarte en lo interior de tu corazón...
Murmura mientras respiras, repitiendo incansablemente una y otra vez: "Señor Jesucristo, ten piedad de mí".

SAN SIMEÓN
"EL NUEVO TEÓLOGO"

Ejercicio 1

Comentario

"¿Por qué no miráis en el espejo de vuestras almas? Entremos en nosotros. Nos esperan allí muchos descubrimientos." Tal lo que dijo santa Radegunda. Comenzar el proceso de alcanzar gradualmente ese objetivo, a través de la relajación y la concentración, con el fin de alcanzar —en última instancia— una adecuada comunicación con Dios, es el propósito del presente ejercicio.

Para realizarlo correctamente, conviene no dejarse engañar por su aparente simplicidad. Con los ojos cerrados o entrecerrados, sentado en una silla (o en cualquier postura que permita estar cómodo pero alerta), con la espalda recta y respetando las curvas naturales de la columna vertebral, se comienza a recorrer mentalmente las distintas partes del propio cuerpo, desde la cabeza hasta los pies. El recorrido se hará tomando conciencia de cada una de las partes, percibiendo todas las sensaciones que implican (incluso sus imágenes reflejadas en la mente), pero sin "nombrarlas mentalmente", sin conceptualizarlas ni analizarlas.

En primer lugar se dejará que afluya a la conciencia la sensación del roce del aire y de la ropa sobre la piel. Luego se irá percibiendo el cúmulo de sensaciones que caracteriza a cada parte del cuerpo por separado, o simultáneamente cuando hay dos de cada una (como en el caso de los ojos, las manos, los pies, etcétera). Siempre que seguir un orden determinado no produzca distracción, se recorrerá el cuerpo en una secuencia que puede ser la siguiente: cuero cabelludo, ojos, mandíbula, nuca, garganta, brazos, antebrazos, manos, columna vertebral, pecho, plexo solar (boca del estómago), abdomen, muslos, rodillas, pantorillas y pies. Para finalizar el ejercicio, se recorrerá nuevamente la cara, el cuello y los hombros.

Si la práctica se realiza correctamente, estando cerrados los ojos el campo visual será de un color negro aterciopelado. (En cambio, la presencia de pequeños puntos luminosos es una indicación de que aún no se ha logrado una relajación adecuada.) Al finalizar el ejercicio se habrá conseguido disminuir naturalmente el ritmo de la respiración y aumentar su intensidad, produciéndose una agradable sensación de calma y paz interior.

1 | Sensaciones del cuerpo

Sentir el contacto de la camisa con el hombro,
de la espalda contra la silla.
Sentir las manos, los muslos contra la silla,
las plantas de los pies en contacto con los zapatos.
Sentir que se está sentado.

Sentir estas sensaciones. *No pensarlas.*

Pasar permanentemente de una sensación a otra,
dentro de las zonas del cuerpo ya indicadas
o de otras cualesquiera.

Ponerse en contacto consigo mismo
para ponerse en contacto con Dios.
Entrar dentro de la propia casa.
El mayor obstáculo para orar es la tensión nerviosa.
Este ejercicio proporciona relajación.
Una gran ayuda es mantener la espalda erguida.
Mantener los ojos cerrados o a medio cerrar,
fijos en un punto situado a un metro de distancia.

Ejercicio 2
Comentario

Ya se ha dicho que tomar conciencia de las sensaciones corporales produce calma y relajación, con lo cual resulta posible adentrarse en la propia interioridad y, a través de ella, elevarse hacia Dios. Dijo san Agustín: "Es el alma, replegada sobre sí misma, la que entiende la belleza del universo, que por cierto toma su nombre de lo Uno. Por consiguiente, no le está permitido contemplar esa belleza al alma que se dispersa en la muchedumbre exterior... Y llamo muchedumbre no precisamente a la de los hombres, sino a la de todas las cosas sensibles."

Este ejercicio es una aplicación del anterior al caso de la respiración. Aquí se debe tomar conciencia de cada detalle del proceso de inhalar y exhalar el aire. Para alcanzar el objetivo de que el alma se repliegue sobre sí misma, se debe dejar de lado toda expectativa sobre los resultados; libre el practicante de cualquier ansiedad, se vuelve vulnerable a la presencia de Dios, y los resultados se dan "por añadidura".

San Ignacio recomienda la práctica de rezar las plegarias "por anhélitos", que consiste en pronunciar mentalmente una palabra cada vez que se respira.

Al adecuar al ritmo respiratorio la meditación centrada en Dios, se llega a alcanzar una gran calma espiritual. Ésta se mantiene después del ejercicio, que ayuda al practicante a liberarse de la agitación y la dispersión mental y a recuperar el orden y la tranquilidad de sus pensamientos, imágenes e ideas.

La respiración cumple un papel esencial en las prácticas de oración, pues se identifica con la vida: Dios creó al hombre soplándole su aliento en las narices (Gn 2, 7). Pero también se la identifica con la palabra: "'En el principio fue la Respiración' significa lo mismo que 'En el principio fue el Verbo'" (maestro sufi Hazrat Inayat Khan).

2 | Respiración

Percibir el paso del aire *a través de la nariz.*
Sentir el aire.
Tomar conciencia de la cualidad de la sensación:
del calor o la frialdad del aire,
de las zonas de la nariz en donde se siente,
de que pasa una mayor cantidad de aire
por una fosa nasal que por la otra.

Método para tratar las distracciones:
Percibir los pensamientos o imágenes
tan pronto aparezcan.
Y percibir el acto de pensar.
Tomar conciencia de la diferencia que existe
entre observar a los transeúntes desde una ventana
y seguirlos en la calle como lo haría un perro.

Ejercicio 3
Comentario

El "recorrido interior" indicado en el ejercicio 1 permite aquietar el cuerpo y la mente, producir una relajación adecuada y ayudar a trascender el estado de conciencia habitual, predisponiendo a la atención para penetrar en el *sancta sanctorum* del corazón. Pero también permite tomar conciencia de la propia casa, que es también la casa del Señor. Y, como Dios es lo Uno —"un círculo cuyo centro está en todas partes", según dijo Pascal—, dejar de percibir las partes del cuerpo para pasar a percibir su unidad y totalidad ayudará a hacer lo propio con la realidad de Dios, es decir, a acercarse a Él.

Aquietar el cuerpo y percibir su quietud permite serenar la mente, que "es inquieta y difícil de controlar, pero puede ser dominada por el ejercicio y el desapego" *(Bhágavad Gita, VI, 35)*. El ejercicio es, en este caso, el ya descripto de tomar conciencia del propio cuerpo, de sus distintas partes y de las sensaciones que cada una de ellas genera, así como de su totalidad. El desapego que se debe alcanzar, aunque más no sea momentáneamente, durante la realización del ejercicio, consiste en hacernos "indiferentes a todas las cosas creadas", de acuerdo con la expresiva frase de san Ignacio.

El presente ejercicio tiende a superar la situación que san Juan de la Cruz define así: "Cuando reparas en algo, dejas de arrojarte al Todo." Para acercarse a lograr el resultado propuesto hay que perseverar en la quietud a toda costa, limitándose a observar las reacciones del cuerpo y de la mente; hay que dejar que las sensaciones meramente se presenten, mostrándose como una totalidad indiferenciada, sin discriminarlas ni analizarlas; y hay que cesar de identificarse con cuanto pensamiento, sensación o emoción se nos presentan, contemplándolos —en cambio— como si no nos pertenecieran ni afectaran.

3 | Sensaciones del cuerpo: quietud

Después de haber practicado algo el ejercicio 1,
experimentar el cuerpo en su totalidad.
Sentir la quietud y el silencio del cuerpo entero.
Descansar con él.

Si se practica en grupo, sentir la quietud
de la habitación en su totalidad.

Estar en perfecto estado de inmovilidad.
Cuando surge la necesidad de moverse
o aparecen otras sensaciones (picazón, escozor, etc.),
percibirlas hasta que desaparezcan.
Hacer lo mismo con cualquier dolor físico
experimentado al estar inmóvil.
Practicar el ejercicio 1 durante el día, al caminar:
sentir el movimiento de las piernas,
de los brazos, etcétera.

Ejercicio 4
Comentario

Cuando se reza, la respiración es soporte y símbolo espiritual. Se puede respirar imbuido del Nombre de Dios, como se indica en la *Filocalia (Amor a la belleza*, colección de escritos místicos del cristianismo oriental, editada en Grecia en el siglo XVIII). En ese caso, se advertirá que "el Nombre de Jesús es un perfume que se expande" y que se ama respirar. El soplo de Jesús es espiritual: cura, arroja a los demonios, comunica el Espíritu Santo (Jn 20, 22).

Aquí se desarrolla lo iniciado en el ejercicio 2, pero ahora la devoción comienza a desempeñar un papel. Dios es todo y está en todo, también en el aire. Si se toma conciencia adecuada de esto, se puede "respirar a Dios". En vez de inhalar aire colmado de oxígeno y exhalarlo cargado de dióxido de carbono, se inspira paz y alegría y se expira alabanza y adoración. Se respira lenta y profundamente, con plena unción, dedicando el mismo tiempo a inspirar y a expirar. Si se mantienen en forma correcta este contenido y esta modalidad de la respiración durante un lapso prolongado (de aproximadamente media hora), desaparece todo tipo de dispersión mental y se produce una profunda purificación. El cuerpo se relaja al punto de que casi no se siente, y la mente adquiere una claridad pasmosa. En este estado de bienestar, la conciencia se abre, como una flor, a la infinita luz y la infinita bondad de Dios.

4 | Respirar a Dios

Retomar el ejercicio 2.
Pensar que la atmósfera está cargada
de la presencia de Dios.
Respirar a Dios como se respira el aire
(respirar es *inspirar y expirar* el aire
utilizando los pulmones).

*A medida que se respira a Dios, inhalando y exhalando,
percibir las sensaciones de paz, alegría,
alabanza, adoración...*

Ejercicio 5
Comentario

En este ejercicio se prosigue la práctica del anterior, pero centrándose principalmente en la exhalación del aire. La manera de expeler el aire tiene una relación con la actitud de cada uno frente a la vida y hacia los demás: refleja la generosidad, la confianza, la comunicación, la capacidad de amor y de entrega, la disposición a deshacerse de lo innecesario. En este ejercicio el practicante brinda su aliento al Señor, vaciándose de sí mismo con total confianza de que será llenado de Dios.

El lenguaje oral, el habla, se hace posible por la emisión del aire; el lenguaje es una forma o manifestación de la respiración. Inversamente, la respiración —que participa de manera natural en la expresión de muchas emociones (agitación, miedo, risa, llanto)—, puede utilizarse como lenguaje, sobre todo para comunicarse con Dios. Utilizando la intuición, la "sabiduría del corazón", cada uno puede traducir sus sentimientos y emociones mediante la respiración: modificando su ritmo y su emisión, entrecortándola, suspendiéndola, etcétera. Es esta una forma muy íntima, personal y eficaz de dirigirse al Señor, con extrema devoción y amor. Además de ser un buen ejercicio, es una verdadera forma de orar.

5 | Respirar a Dios: comunicación sin palabras

Repetir el ejercicio 4.
Expresar deseo de Dios, hambre de Dios,
mediante la manera de expirar.
Expresar entrega (poner énfasis en esto
al sacar el aire de los pulmones).

*Expresar amor e intimidad, adoración,
acción de gracias, alabanza, humildad.*

Ejercicio 6
Comentario

Esta es una versión devocional del ejercicio 1. Aquí ya no se trata sólo de percibir las sensaciones internas para lograr un estado de relajación y serenidad. Se trata, en cambio, de relacionarlas con Dios, de verlas como una manifestación de Su infinito poder. Así, tomando conciencia de ellas a la vez que de su origen, se puede tener la suprema experiencia de la contemplación.

Guiado por una fe profunda y aceptando que en todo se halla la presencia de Dios, este ejercicio se debe practicar, sistemáticamente, con el corazón, cuyas razones —"que la razón no comprende"— son las señales que marcan el camino de conocer a Dios conociéndose a sí mismo.

6 | Sensaciones del cuerpo: contacto con Dios

**Repetir el ejercicio 1,
pero pensando que cada sensación
es creada por la omnipotencia de Dios.
Sentir el contacto de Dios en todo el cuerpo:
tosco, suave, agradable, doloroso...**

Ejercicio 7

Comentario

Normalmente los sentidos están dispersos "como un abanico abierto" y se dirigen hacia afuera, hacia la realidad que rodea a la persona. Esta forma extrovertida y no concentrada de la percepción puede ser apta para desenvolverse en una sociedad muy tecnificada como la actual, pero de ninguna manera sirve para orar. Este ejercicio es el punto de partida del largo proceso de lograr la introversión de los sentidos, es decir, de dirigirlos hacia adentro con una adecuada concentración mental. El objetivo concreto del ejercicio es aprender a escuchar *realmente*, con plena conciencia y atención, los sonidos, sobre todo los interiores, pero también los exteriores.

Al comienzo, lo más sencillo es tratar de oír atentamente el sonido de la respiración, y luego otros sonidos producidos por el propio organismo (ruidos guturales, digestivos, cardíacos). Cuando se aprende a escuchar los ruidos interiores, los exteriores adquieren otra "presencia", otra resonancia (una resonancia interior). Entonces se descubre la complejidad de cada sonido y también la complejidad del silencio.

Llegar a dominar la técnica propuesta en este ejercicio requiere una larga práctica. Para facilitar el proceso, el yoga recurre a un *mudra,* que es un gesto simbólico y ritual que actúa concentrando la energía para que se produzca una actitud mental y física determinada. En el caso del ejercicio que nos ocupa, el mudra consiste en tapar simultáneamente ambos oídos con los respectivos pulgares, a la vez que se cubren los párpados con los dedos índices y se colocan los medios debajo de las narinas (obstruyendo apenas el paso del aire), los anulares encima de los labios y los meñiques debajo. La atención se dirige entonces a la respiración, más específicamente, al sonido del aire que atraviesa las fosas nasales. Luego de completar diez respiraciones (o más, al avanzar en la práctica), se colocan las manos sobre el regazo y se vuelve la atención hacia los sonidos externos.

7 | Sonidos

Taparse los oídos con los pulgares.
Taparse los ojos con las manos.
Escuchar el sonido de la respiración.
Después de diez respiraciones,
descansar las manos sobre el regazo,
mantener los ojos cerrados,
escuchar todos los sonidos próximos:
el más suave, el más lejano.

En el centro de cada sonido existe el silencio.
Los sonidos distraen cuando se trata de rechazarlos
o de huir de ellos.
Percibirlos.
Cada sonido contiene decenas de sonidos en su interior.
Intentar captarlos todos.

Ejercicio 8
Comentario

En la mayoría de las antiguas religiones monoteístas, el hombre, el universo y el propio Dios actúan a través del sonido y responden a él; es más, Dios es sonido. Por eso el sonido tiene poder. Por eso es tan importante la música (la música celestial y la música creada por el hombre, sea profana o religiosa), pero no lo es menos la palabra. "Hay palabras que afectan al corazón, otras que se dirigen a la mente, e incluso otras que ejercen acción sobre el cuerpo" (maestro sufí Hazrat Inayat Khan). Yahveh empleó la palabra en la Creación: "Dijo Dios: 'Haya luz', y hubo luz" (Gn 1, 3). Pero se puede decir más aun: "En el principio existía la Palabra y la Palabra estaba con Dios, y la Palabra era Dios" (Jn 1, 1). Y con palabras (que también son actos) se puede llegar a Dios. Se puede llegar con la plegaria y también con palabras devocionales aisladas.

Para los hindúes, hay palabras cuya repetición tiene un poder transformador: son los *mantras*. Y está la palabra sagrada, con la cual se dirigen a la Divinidad: el OM. "OM es el arco, el espíritu es la flecha, y Dios es el blanco. ¡Acierta en él!" (swami Sivananda Sarasvati). El cristianismo también tiene sus mantras: "Amén", "Ave María", "Aleluya", "Hosanna", "Kyrie eleison". Este último ("Señor, ten piedad") es la versión más reducida de la Oración de Jesús, practicada incesantemente por los cristianos orientales. El nombre de la Divinidad —Dios, Jesús, Espíritu Santo— es un mantra, y su reiteración tiene efectos de elevación y transformación espiritual.

Este ejercicio consiste en repetir el anterior pero con devoción y tomando conciencia de cuanto se ha dicho, de que Dios es sonido y de que cada sonido es producto de la omnipotencia de Dios. Se alcanzará, así, una perspectiva espiritual más elevada y, por lo tanto, más real. Como dijo el gran poeta Rilke, "la tranquilidad que hace posible escuchar permite construir un templo en el oído".

8 | Escuchar a Dios

Repetir el ejercicio 7,
pero pensando que cada sonido es producido
y sostenido por Dios omnipotente.
Dios es sonido.
Descansar en el mundo de los sonidos;
descansar en Dios.

Ejercicio 9

Comentario

Este ejercicio, que consiste en buscar a Dios en todas las sensaciones hasta ahora trabajadas (percepción de las distintas partes del cuerpo, respiración, sonidos), es —en cierta medida— una síntesis de los ejercicios 4, 6 y 8. Consiste en lo que, en el *Bhágavad Gita*, se llama "el sacrificio de los sentidos". Esto significa tomar los sentidos no como un simple medio de recibir placer o dolor, sino como lo que en realidad son: los privilegiados intermediarios entre el hombre y el resto de la Creación, detrás de la cual se halla Dios.

La práctica de este ejercicio ayudará a encontrar a Dios en todas las cosas y a elevarse hacia Él a través de todo lo creado. Dios habla a través de sus obras y hay que aprender a escucharlo, a recibir su amor.

9 | *Contemplatio ad amorem* elemental

Volver al mundo de los sentidos:
respiración, sonidos, sensaciones.
"Detectar" a Dios en el aire que se respira,
en los sonidos que se escuchan,
en las sensaciones que se sienten.
Descansar en todo este mundo de los sentidos.
Descansar en Dios.
Entregarse al mundo, a Dios.

Ejercicio 10
Comentario

Con este ejercicio se entra en una etapa muy importante de la preparación de la mente para la oración. Aquí se trata de comenzar a dirigir la atención hacia aspectos parciales y específicos de las percepciones que se han trabajado hasta ahora, con el objeto de aprender a concentrar la mente. Para ello hay que aplicar lo que ya se sabe acerca de cómo observar las sensaciones corporales, la respiración y los sonidos internos y externos. Hay que enfocar la atención en los detalles, para aprender a mantenerla fija. Cuanto más específico sea el objeto de la atención, más "atrapada" queda ésta. Y los elementos distractivos endógenos que aun así puedan aparecer deben eliminarse recurriendo a la técnica de tomar conciencia de su presencia ni bien aparecen.

Este ejercicio ayudará, simultáneamente, a controlar y manejar la atención y a aumentar el conocimiento de sí mismo, de aquellos elementos que dificultan la concentración, y que también dificultan la comunicación con el prójimo y con Dios. Porque "la mente que se abandona a los errantes sentidos deja al alma tan desvalida como una barca arrebatada por el huracán sobre las olas" (*Bhágavad Gita, II, 67*).

10 | Concentración

Escoger sensaciones corporales, respiración o sonidos
como objeto básico de la atención.
Si la atención se desvía de su punto central,
tomar conciencia de esta desviación:
"Ahora estoy pensando"; "ahora estoy molesto";
"ahora estoy escuchando".
Entonces tratar de volver delicadamente
al objetivo básico de concentrar la atención.
Agudizar la percepción:
captar las sensaciones más débiles,
los sonidos, el contacto del aire al pasar por la nariz.
Tomar solamente una parte pequeña del cuerpo:
percibir allí todas las sensaciones.

Respirar concentrándose sólo en la inspiración
o bien sólo en la expiración del aire
por medio de los pulmones,
si hubiera muchas distracciones molestas.

Ejercicio 11
Comentario

Muchas veces el cuerpo acierta a expresar sentimientos y emociones con mayor facilidad y espontaneidad que la palabra. A través de la danza, la mímica o los mudras, el cuerpo se revela como un instrumento expresivo muy eficiente, que permite desarrollar un verdadero lenguaje, a partir de las reacciones corporales instintivas provocadas por el miedo, la alegría, el dolor, la felicidad y tantos otros sentimientos y emociones. Aparte de estos significados naturales, los gestos tienen simbolismos tradicionales y aun convencionales, es decir, establecidos por la cultura, la práctica artística o la función religiosa. Tal es, en la India, el caso de los mudras, gestos realizados generalmente con las manos, que transmiten a la conciencia sentimientos, sensaciones y conocimientos, recurriendo para ello a un complejo simbolismo. El "mudra de la paz", por ejemplo, consiste en colocar las manos como en el gesto cristiano de rezar. Otro mudra, el de la "involucración", es el que, según la tradición, realizó Buda en el momento de alcanzar la iluminación.

En este ejercicio, Anthony de Mello propone que el practicante cree sus propios mudras, se exprese libremente con el cuerpo, sin atenerse a simbolismos preestablecidos, limitándose a liberar y desarrollar contenidos internos de carácter devocional que quizás no acierte a traducir por otros medios. Así, sin palabras, es más fácil expresar lo inefable, lo que siente el corazón. Se está así más cerca de la contemplación, de la oración sin palabras ni conceptos, pura intuición y sentimiento, puro amor. Al orar con el cuerpo, "en la profundidad del corazón, el espíritu y el cuerpo reencuentran su unidad original, el ser recupera su simplicidad" *(Filocalia)*.

11 | Orar con el cuerpo

**Expresar varios sentimientos y actitudes
a través del cuerpo.
Moverse muy delicadamente,
como los pétalos de una flor que se abre.
Por ejemplo, para expresar ofrecimiento y entrega:
elevar los ojos al cielo; detenerse por un momento;
levantar los brazos; dar vuelta las palmas de las manos;
juntarlas; detenerse por un momento.**

**Experimentar el lenguaje del cuerpo.
Expresar amor por la creación y añoranza de Dios:
ojos fijos en el horizonte;
brazos levantados y abiertos en señal de bienvenida;
aflicción; alabanza; júbilo;
contento; adoración...**

Ejercicio 12
Comentario

Este ejercicio es, en cierta medida, la culminación de las prácticas realizadas en los ejercicios anteriores, pero es también un primer intento de lanzarse hacia el objetivo supremo de la oración: la contemplación. Dejando de lado los casos de una excepcional entrega espiritual por parte de practicantes con un sentido místico muy desarrollado, alcanzar dicho objetivo no es fácil, y mucho menos sin haber realizado aunque más no sea algunos de los ejercicios recomendados en la segunda y la tercera partes. Porque la contemplación —también llamada "oración del corazón" u "oración intuitiva"— implica una comunión pura con Dios, sin utilizar palabras, imágenes ni conceptos. Para lograrlo, es necesario estar en condiciones de silenciar y vaciar la mente en forma total, dejándola en condiciones de ser llenada por la presencia de Dios.

Despojarse de todas las voces y todos los sonidos interiores, de todas las imágenes y contenidos que enturbian la mente, permite ver el fondo de nuestra alma, nuestro Ser Verdadero. Esta sublime experiencia sólo puede ser descripta como una intensa "certeza de ser". Se trata, en realidad, de una experiencia mistérica que trasciende el "pienso, luego existo" de Descartes. De no ser por la contradicción que supondría afirmar que *no* se está pensando, se podría exclamar: "no pienso, luego existo". Y cuando se existe verdadera y plenamente, se existe en Dios y con Él.

Una frase del monje sirio Isaac de Nínive, que Anthony de Mello gustaba repetir, indica cuál es el camino para llevar a cabo este ejercicio: "Si amas la verdad, sé amante del silencio." Para alcanzar este logro clave, así como para todo lo que se refiere a la oración y la espiritualidad —y a la vida en general—, es válida la frase bíblica: "no se trata de querer o de correr, sino de que Dios tenga misericordia" (Rm 9, 16).

12 | Silencio

Practicar cualquiera de los ejercicios del 1 al 10.
Al experimentar el silencio, el vacío,
el "no tener nada adentro",
descansar en él.

Oración intuitiva:
Nuestra inteligencia tiene
una parte conceptual y otra no conceptual.
¿Qué es el misticismo?
Ligadura.
La parte no conceptual está confinada
de tal modo dentro de la parte conceptual
que ésta debe abrirse
para percibir la "intuición del ser".

Introducción

Hasta aquí, los ejercicios propuestos por Anthony de Mello —en la primera parte— tenían por objetivo serenar las aguas revueltas del lago de la mente, para poder llegar a ver el fondo, el alma, y allí encontrarse a sí mismo y encontrar a Dios. Para alcanzar dicho objetivo se trabajó sobre la mente, pero partiendo del cuerpo. En cambio ahora, en esta segunda parte, la propuesta es actuar *en forma directa* sobre la mente, a través de esa facultad prodigiosa que es la imaginación. Ésta, al igual que otras actividades psíquicas que con ella se relacionan —como la fantasía, la visualización, la ensoñación, el soñar—, tiene la virtud de revelar aspectos profundos y desconocidos de la personalidad. En efecto, al producirse cualquiera de estas actividades, se manifiestan características y contenidos propios de quien las produce. Dos personas distintas no se imaginan nunca de la misma manera una misma situación. Tan es así que se podría afirmar: "díme cómo imaginas y te diré quién eres".

De modo que, si se la utiliza adecuadamente, la imaginación puede —ante todo— ser un medio de autoconocimiento. Pero, además, es un medio de transformación personal, y lo es por lo menos en dos sentidos. En primer lugar, al conocerse a sí mismo, el individuo puede cambiar. (De hecho cambia, aunque no sea fácil determinar por qué.) En segundo lugar, la imaginación tiene un gran poder de sugestión (mejor dicho, de *autosugestión*), gracias al cual quien la usa puede figurarse actuando en un "escenario" adecuado para "vivir" una situación determinada. De esta manera, al igual que la música, la poesía y el arte en general, la imaginación permite crear un "clima" mental y espiritual apto para conmover y movilizar el alma. Y es en este aspecto que puede prestar una gran ayuda en cuanto a predisponer para la oración.

Así, pues, la imaginación facilita el camino hacia el conocimiento de sí mismo, con lo cual ayuda a encaminarse hacia Dios, y también permite crear y recrear *dentro de nuestra mente* las condiciones *internas* necesarias para orar. En cuanto a este último aspecto, conviene aclarar varias cosas. Por lo pronto, la imaginación permite en muchos casos alcanzar, por otra vía, los mismos resultados que se perseguían mediante los ejercicios propuestos en la primera parte: relajación, paz y tranquilidad, concentración, observación de sí mismo con dis-

Segunda parte

Imaginación (fantasía)

tanciamiento. Pero, además —como ya dijimos—, la imaginación permite alcanzar y estimular el "clima" emotivo y espiritual necesario para orar (amor devocional, adoración, ansia de comunión con Dios). Y esto no es todo. Cabe agregar que la imaginación también permite crear y recrear *dentro de nuestra mente* las condiciones *"externas"* necesarias para orar, al figurar situaciones o lugares estimulantes o inspiradores.

El empleo que el padre Anthony de Mello hace de la imaginación con fines espirituales no se origina específicamente en el yoga. Aunque esta disciplina recurre a visualizar (es decir, imaginar visualmente) ciertos aspectos de la realidad psicofísica, como ser energías corporales sutiles y emociones, tradicionalmente rechaza toda actividad psicológica voluntaria y racional, ya sea relacionada con la llamada "realidad" o bien con mundos ilusorios, como en el caso de la imaginación. (Precisamente, la finalidad del yoga es abolir este tipo de actividad, para eliminar el yo y alcanzar la iluminación.) En cambio, el budismo tibetano —que incorporó al budismo tradicional antiguas prácticas locales— por una parte recurre a la imaginación para trasladar la conciencia en el espacio y en el tiempo con el objeto de adquirir conocimientos, y, por otra parte, utiliza la visualización para eliminar todo tipo de pasiones, al enfrentarlas imaginariamente dentro de situaciones imaginarias, lo cual se orienta a la eliminación del yo, al igual que en el yoga.

San Ignacio de Loyola, en sus *Ejercicios espirituales*, desarrolló ampliamente técnicas de este tipo, aunque dirigidas en forma exclusiva a la práctica de la oración cristiana. Cabe decir, además, que la propia santa Teresa de Ávila se explayó sobre el uso de la imaginación para estimular la devoción y la práctica de la oración.

Para realizar los ejercicios de imaginación sugeridos por el padre Anthony de Mello conviene estar sentado, ya sea en una silla o en el piso (y, en este último caso, adoptando alguna posición de yoga o *ásana*). En la mayoría de los casos, los ojos deben mantenerse cerrados. Son válidos todos los consejos ya expresados en la primera parte para lograr una actitud corporal cómoda, tranquila y relajada. También son válidos los referidos a la actitud mental, que en el caso del trabajo con la imaginación requiere, además, un buen grado de *receptividad* frente a las estimulaciones que produce la imaginación, una adecuada *aceptación* de las "realidades" que la imaginación trae a la conciencia, y una actitud de cierto grado de *distanciamiento* frente a esas realidades, que son autónomas (no dependen de la conciencia ni de la voluntad) y, aunque deben observarse como si fueran reales y sintiéndose partícipe de ellas, no debe dejarse que afecten gravemente al practicante. En todo el proceso, la actitud espiritual de éste debe ser de permanente emoción, entrega y confianza.

Puede resultar útil encender un sahumerio con esencia natural de alguna flor, pues ayuda a crear un clima adecuado y favorece la imaginación. Especialmente aconsejable es el jazmín, que facilita la evocación de imágenes mentales y tiene virtudes antidepresivas, necesarias para mantener un estado emocional estable durante la experiencia imaginativa, que es muy movilizadora.

Antes de iniciar la práctica de los ejercicios indicados por el padre de Mello, es conveniente desarrollar la capacidad imaginativa mediante ejercicios muy simples. Se trata de contemplar algún objeto sencillo (una vela encendida, un jarrón, una flor) colocado sobre un fondo liso y neutro, cerrando luego los ojos y tratando de ver, de recordar imaginativamente, la mayor cantidad posible de detalles, ubicándolos *fuera* de la mente, en el espacio real en que está colocado el objeto, y teniendo en cuenta todos sus aspectos (forma, color, textura, relieve, tamaño, peso, etcétera). Este ejercicio convendrá practicarlo varias veces, preferentemente en días distintos, por breves períodos de diez a quince minutos, eligiendo cada vez objetos más complejos, hasta llegar a recordar imaginariamente la habitación entera.

Antes de iniciar cualquier ejercicio, e igualmente al terminarlo, se debe realizar un gesto convencional (que puede consistir en hacer el signo de la cruz, castañetear los dedos o golpear determinada cantidad de veces el piso con un pie). Esto tiene como finalidad marcar, para la conciencia, los límites precisos de la experiencia imaginativa, separándola de la vivencia de la realidad.

Cuando rezamos,
debemos buscar a
Dios en el fondo
de nuestra alma,
invocarlo en el
hombre interior,
donde vive como
en un templo.

JUAN CARDENAL BONA

Ejercicio 13
Comentario

Para realizar los ejercicios de esta segunda parte, Anthony de Mello propone una secuencia que va de lo más simple a lo más complicado y de lo más fácil a lo más difícil. Y, cuando se trata de imaginar, lo más simple es evocar algo que se ha vivido y se recuerda, reviviéndolo; y lo más fácil es evocar algo agradable, para que la mente no oponga resistencias al recuerdo.

Conviene iniciar este ejercicio eligiendo, voluntaria y reflexivamente, el lugar y la circunstancia que se desean "revivir" con la imaginación, así como algunos pocos hechos de ese momento pasado que se recuerden con nitidez y exactitud. Después de haberse relajado y de haber realizado los pasos previos aconsejados, con los ojos cerrados se debe concentrar la "mirada interna" en el recuerdo de esos hechos, tratando de identificar a aquel que se impone más a la conciencia, que tiene más "poder de evocación". A partir de éste hay que dejarse llevar por los acontecimientos pasados que cobran actualidad, es decir, por el fluir de las evocaciones. No hay que poner obstáculos al río de las vivencias. Se debe contemplar el desfile de las "imágenes" (no sólo visuales) como cuando se asiste a la proyección de una película, una película ya vista en la que uno es espectador, pero no desde la sala sino desde dentro de la propia película. Esto es así porque se reviven hechos y escenas, que se van presentando ante los "ojos de la mente" en forma espontánea y autónoma, sin que se los dirija en forma consciente.

Una vez recogida una abundante cantidad de vivencias *ininterrumpidas* durante la evocación de ese lugar y esa circunstancia del pasado, se vuelve al presente, a la realidad, y se compara. Luego se va al pasado y se regresa de él repetidas veces, en una "gimnasia" que agiliza la mente y la imaginación.

13 | Allá y aquí

Retirarse con la imaginación
a cualquier lugar en donde se haya sido feliz.
Captar todos los detalles: imágenes visuales, sonidos,
olores, gustos, sensaciones táctiles.
Observar lo que se *siente*.
Regresar a la situación presente.
¿Qué se siente?
Observar el contraste.
Ir y venir entre estos dos lugares.

Buscar lugares de la memoria, del corazón,
a los cuales siempre se puede retirarse
para sentirse en calma y "refrescado".
Este "retirarse" proporciona fortaleza
para afrontar la situación del momento presente
y también agudiza la percepción de éste.

Ejercicio 14
Comentario

En este ejercicio se trata de crear, mediante la imaginación, un lugar propicio para "retirarse" a orar, algo así como un santuario imaginario. En realidad, como decía Anthony de Mello a propósito del ejercicio 1, hay que entrar en la propia casa, que también es la casa del Señor. Sólo que, ahora, el lugar de adoración no se erige en el ámbito de nuestro cuerpo sino en nuestra propia mente, gracias a la imaginación.

Para construir imaginativamente el lugar de oración, primero hay que saber y decidir —con plena conciencia— cuál es el que uno desea o prefiere, cuál es el más apto para estimular la propia capacidad de ponerse en contacto con Dios. Si la elección previa no resulta fácil, quizá convenga "probar", ejercitarse "viajando" a lugares diversos y variados, ante todo a sitios en los que se haya estado realmente y que hayan resultado estimulantes, hasta encontrar el ámbito ideal, el más apto. Pero nunca debe olvidarse que todas estas prácticas, estas búsquedas, no son un fin en sí mismas, sino un medio para llegar a Dios por medio de la oración.

Si este ejercicio se realiza con perseverancia hasta llegar a dominarlo adecuadamente, puede permitir orar en los lugares más diversos y menos tradicionales, por ejemplo, en el banco de una plaza, en un medio de transporte o al hacer una "cola". En estos casos, conviene dejar siempre un anclaje en tierra, en la realidad cotidiana, y no dejarse envolver totalmente por la realidad creada mediante la imaginación. Para ello conviene mantener los ojos abiertos —o, por lo menos, entrecerrados—, y también aferrar con una mano un objeto de forma reconocible (una cruz, un libro, un llavero), teniendo permanentemente clara conciencia de que ese objeto está afuera del ambiente imaginado para practicar la oración.

Una vez creado o "compuesto" el santuario imaginario, al igual que si se tratara de un lugar físico o real, el practicante debe iniciar la oración "haciendo a su Divina Majestad una profunda reverencia con el cuerpo, si está solo; y con el espíritu, si está en compañía", según aconseja un anónimo comentador de los *Ejercicios espirituales* de san Ignacio de Loyola.

14 | Un lugar para orar

Retirarse con la imaginación
a cualquier lugar
que sea propicio para alentar la oración:
una playa, la cima de una montaña,
la orilla de un río, una iglesia en silencio,
una terraza frente a un cielo estrellado...
Escuchar los sonidos
(de las olas, del viento entre los árboles,
de los animalitos en medio de la noche).
Hacer la oración en este contexto.

San Ignacio no dice (como es habitual)
"composición de lugar",
sino "composición viendo el lugar",
que es imaginarse a sí mismo viendo el lugar.
Todos pueden desarrollar esta facultad en la práctica.

Ejercicio 15

Comentario

El objetivo de este ejercicio es utilizar la imaginación para revivir, con toda su carga de júbilo y felicidad, una circunstancia y un lugar en el que s e haya tenido una experiencia muy intensa de relación con Dios. Se trata no sólo de evocar la experiencia objetiva vivida, sino también de tener nuevamente la vivencia subjetiva que ella produjo en su momento. Esto significa "actualizar" el placer que ella deparó, así como las enseñanzas que dejó, obteniendo en el presente el mismo provecho que brindó en el pasado y más aun. Es una forma de volver a las fuentes de uno mismo, a las experiencias válidas que contribuyeron a construir la personalidad religiosa del practicante y que pueden todavía contribuir a desarrollarla.

Para facilitar la realización de este ejercicio, es conveniente recordar las circunstancias y los estímulos que precedieron a la "experiencia cumbre". Partiendo de ellos, reviviéndolos, se puede repetir imaginariamente toda la experiencia; constituyen algo así como el "pie" (la frase inicial) que el actor necesita para comenzar a recordar el parlamento que ha memorizado. Si se aprende a revivir las experiencias pasadas, también se puede vivirlas más intensa y extensamente, y aun vivir otras nuevas.

Este ejercicio es una llave que abre muchas puertas. Sobre todo, puede ser una gran ayuda para la práctica de la oración. Evocar la presencia del Señor en la propia vida es recordarlo, es pensar en Él; y esto es orar. Porque "Dios comprende la palabra del corazón y oye el lenguaje del alma" (beato Enrique Susón).

15 | Experiencias cumbre

Retirarse con la imaginación
a donde se haya tenido intensas experiencias de Dios.
Ver este lugar tan vivamente como sea posible.
Volver a vivir ese ambiente.
Volver a vivir esa experiencia.
Regresar a la situación presente.
Retirarse de nuevo.
Regresar.
Y así sucesivamente.

Muchas experiencias profundas de la vida
serán muy útiles para alimentar la oración
si se les dedica el tiempo necesario
para volverlas a vivir con más tranquilidad.
En épocas de crisis conviene seguir el consejo
de Cristo Redentor a los apóstoles afligidos:
"Regresad a Galilea."
Regresar a los días de alegría
que se han pasado con el Señor.

Ejercicio 16

Comentario

Este ejercicio es una variante del anterior. Pero aquí no se trata de revivir una "experiencia cumbre" de la vida religiosa, sino cualquier experiencia gozosa, jubilosa, que el practicante haya tenido en el pasado, buscando esta vez en ella la presencia de Jesucristo. Tomar conciencia de cómo Él se manifestó en aquellas circunstancias pasadas, de cómo influyó sobre ellas para inundarlo de luminosa felicidad, lo ayudará a aceptar ese gozo como algo deseable y legítimo y a confiar en que, así como se dio en el pasado, también se puede dar —y se dará— en el futuro. Y, a la vez, lo llevará a desarrollar gratitud y amor hacia Aquel que es la fuente de toda felicidad, pues, como decía san Juan Crisóstomo, "no es posible realizar como se debe cosa de bien si no nos beneficiamos del impulso de lo alto".

Al imaginar la presencia de Jesús en la escena evocada, es necesario verlo a la vez como partícipe y testigo de todo lo acontecido, derramando su infinito amor y misericordia. Esta vivencia es útil para la contemplación. En efecto, "el ojo del alma, cuando se hace puro y sin tacha, contempla las cosas divinas gracias a la luz de lo alto, que lo llena abundantemente sin saciarlo", según la poética expresión de san Basilio.

Para facilitar la realización de este ejercicio, así como la del siguiente, puede ser conveniente practicar previamente el ejercicio 18.

16 | Contemplación de los misterios gozosos

En la vida del practicante, no en la vida de Cristo.
Volver a vivir
cualquier acontecimiento del pasado
que haya causado alegría,
hasta experimentar nuevamente la misma vivencia.
No mirar la escena desde afuera.
Participar en ella otra vez.
Buscar y encontrar allí
la presencia de nuestro Señor Jesucristo.
¿De qué manera estuvo Él presente?

*Esta es una buena forma de aprender a encontrar a Dios
en todos los acontecimientos del futuro.*

Ejercicio 17

Comentario

Contrariamente al ejercicio anterior, que consistía en revivir una experiencia gozosa, este plantea evoca una experiencia dolorosa pero que ya no esté activa, que haya "cicatrizado". Casi siempre habrán quedado, no obstante, secuelas y resabios que —muchas veces en forma inconsciente— perturban el alma del practicante, dificultando su avance por el camino de la oración. Y el objetivo de este ejercicio es enseñarle a superar y eliminar esas rémoras, despojándolo de temores, amarguras, resentimientos y dolores.

Al remover recuerdos de situaciones traumáticas y dolorosas, este ejercicio puede producir una movilización psicológica excesiva que agudice los problemas, en lugar de diluirlos. Por eso es importante que la experiencia evocada ya no sea una "herida abierta". Pero lo que es esencial es la presencia de Jesús en la escena dolorosa, pues brinda un marco de protección y amor que ayudará a vivir nuevamente la experiencia, pero esta vez de una manera menos traumática, más consciente del valor espiritual del sufrimiento y de su explicación y justificación.

En efecto, como dijo un maestro hindú, "debemos también dar gracias a Dios por las desgracias, pues nos acercan a Él". Si se comprende cabalmente esto, se lo puede aceptar; y, una vez que se lo ha aceptado, desaparecen sus secuelas perturbadoras de la personalidad, que —entre otras cosas— dificultan la práctica de la oración.

Durante la evocación, la presencia paternal de Jesús (al que incluso puede imaginarse llevándonos de la mano) permitirá hacer fructíferamente este ejercicio. De todos modos, antes de realizarlo sintiéndose parte de la escena imaginada (es decir, desde adentro de ella), conviene practicarlo desde afuera, contemplándola como un mero espectador. De esta forma se disminuye el impacto inicial de la experiencia evocada y luego resulta más fácil y seguro revivirla plenamente. No obstante, si en algún momento se produce algún desborde emotivo, lo aconsejable es suspender el ejercicio, recostarse en el piso boca arriba para relajarse y escuchar música adecuada. En días posteriores se podrá volver a repetir el ejercicio, hasta alcanzar un resultado totalmente satisfactorio.

17 | Contemplación de los misterios dolorosos

También en la vida del practicante.
Volver a vivir un acontecimiento
en el que la herida ya no esté abierta,
pero subsistan resentimiento, amargura, dolor,
remordimiento, sensación de pérdida.
Volver a vivirlo.
Buscar y encontrar la presencia de Dios en el suceso
o imaginar que al Señor participa en él,
como el practicante participa
en las escenas de la vida del Señor
cuando practica la contemplación ignaciana.

Amargura en relación con los demás:
es esencial para la vida de oración eliminarla por completo;
psicológicamente es útil desprenderse de ella.
Amargura en relación con Dios:
no temer sentirla, *para poder desahogarla en su presencia.*
Un ambiente claro produce una unión más profunda.
Ejercicio más avanzado para los resentimientos:
situarse ante Cristo ignominiosamente crucificado;
pedir participación en Su sufrimiento.

Lo ideal sería repetir las contemplaciones
mientras se pueda revivir los acontecimientos
sin experimentar sentimientos negativos,
hasta que se logre volver a ellos
con un sentimiento de gratitud y alegría.

Ejercicio 18

Comentario

En este ejercicio, que puede ser útil practicar previamente a los dos anteriores, Anthony de Mello utiliza un recurso práctico para apoyar y estimular la imaginación: una silla vacía, una silla real, en la que hay que imaginar la presencia sedente de Jesús. El elemento material y concreto que es la silla ayuda a dirigir la imaginación hacia lo que se quiere "corporizar" o visualizar, sirve de marco o escenario dentro del cual se habrá de desarrollar la escena imaginada.

Con este u otro recurso, lo importante es imaginar la presencia de Cristo junto a uno, como una ayuda invalorable para la oración. Esto lo practicaba y recomendaba calurosamente santa Teresa de Ávila. Cuando oraba, "como no podía discurrir con el entendimiento, procuraba representar a Cristo dentro de mí, y me hallaba mejor, a mi parecer, en los lugares donde le veía más solo; me parecía a mí que, estando solo y afligido, como persona necesitada, admitiría mi compañía".

Al llevar a cabo este ejercicio no sólo se facilitará la tarea de orar, sino que también se experimentará la vivencia del amor de Cristo y de su poder transformador.

18 | Fe imaginativa

Imaginar al Señor sentado junto a uno;
por ejemplo, mirar una silla vacía
y pensar que Él está allí.
Hablarle en voz baja.
Por ejemplo, narrarle los acontecimientos vividos
durante el día.
Escuchar.

Pensar es hablar de uno mismo.
Orar es hablar a Dios.
El método más rápido para experimentar
la presencia del Señor en la vida de uno:
"Mantén a Cristo a tu lado."
Lo recomendaba Santa Teresa
para practicar durante todo el día.
Ayuda en la dirección espiritual:
¿Qué clase de Cristo es tu Cristo?

Ejercicio 19
Comentario

En sus *Ejercicios espirituales*, san Ignacio de Loyola desarrolla una técnica que él llama "contemplación" y a la que hoy se califica de "ignaciana", cuyo fundamento es que el mucho saber no es lo que colma y satisface al alma, sino "el sentir y gustar de las cosas internamente".

En este ejercicio se utiliza la contemplación ignaciana aplicada al relato bíblico de la piscina de Betesda (Jn 5, 1-9). Se trata de participar con la imaginación de esta historia —o de cualquier otra—, "viviéndola" en el tiempo presente, como si ella fuera real y el practicante un actor más dentro de la escena evocada. Pero para esto hay que prepararse.

Ante todo es necesario compenetrarse de la historia en la que se va a participar, para lo cual conviene leerla con detenimiento y recordarla con cierta precisión, sobre todo en sus tramos iniciales. Luego se debe recoger alguna información, lo más precisa posible, sobre las características físicas y arquitectónicas del lugar en que se desarrolla la escena, incluso sobre la indumentaria de los participantes. Todo esto servirá para que la imaginación tenga de dónde "aferrarse". El paso siguiente consiste en comenzar a visualizar la historia como si se estuviera viendo una película, utilizando además varios de los recursos habituales en la cinematografía: acelerar las imágenes o detenerlas, volver la acción hacia atrás, crear efectos de "montaje" y continuidad, variar de distintas maneras una misma situación, etcétera.

El objetivo de esta práctica preparatoria es agilizar el manejo de la imaginación dentro del desarrollo de la historia en la que el practicante se propone participar. Al comienzo, su actitud será la de un mero espectador, pero gradualmente tendrá que ir "metiéndose en la escena", convirtiéndose en actor. Una vez que lo haya logrado, una vez incorporado a la acción, deberá dejarse llevar no por lo que sabe que sucedió en la historia sino por lo que sucede en el momento en que participa de ella.

Lo que entonces ocurra, independientemente de su voluntad y de una dirección consciente, le enseñará mucho sobre sí mismo y sobre su relación con los demás participantes de la historia, sobre todo con el principal: Jesús.

19 | La contemplación ignaciana

La piscina de Betesda (Juan 5, 1-9).
Vivir la verdad,
no la de la historia sino la del misterio.

San Francisco de Asís se imaginó
que descendía al Señor de la cruz;
san Antonio de Padua,
que sostenía al niño Jesús en sus brazos;
santa Teresa de Ávila,
que secaba el sudor de Su frente en Getsemaní.

Ejercicio 20
Comentario

El objetivo de la primera parte de este ejercicio es conocer al Creador a través de lo creado y dialogar con Él desde Su obra. Para esto el practicante deberá elegir algún objeto inanimado —preferentemente de origen natural—, con el que luego se identificará. Con este fin, se proyectará e incorporará imaginativamente en el objeto, desde el cual se verá a sí mismo y verá a Dios, representado simbólicamente en Su obra. Este ejercicio de alas a la imaginación, más propiamente a la fantasía, y puede producir resultados sorprendentes en cuanto a conocimiento de sí mismo y de la Realidad Divina.

Un aforismo hindú dice que la mente es como el agua, que adopta la forma del recipiente que la contiene. Esta alegoría explica que, mediante la imaginación, sea posible incorporarse mentalmente a un objeto determinado concentrándose en él de manera adecuada. Al comienzo es conveniente practicar con cosas reales que estén a la vista. Luego, una vez adquirida cierta soltura, será más fácil ocuparse de cosas imaginadas. Después de contemplar con intensidad el objeto, en el primer caso, o de imaginarlo vivamente en el segundo, con los ojos cerrados se tratará de visualizar y percibir que en el propio corazón se va formando un halo luminoso preñado de amor, que se va extendiendo gradualmente por todo el cuerpo a la vez que produce una sensación de gozo y levedad. Cuando esta sensación haya invadido al practicante, éste deberá tratar de imaginar que esa luz se introduce en el objeto, impregnándolo, que ese objeto es él mismo y que él participa de la naturaleza de Dios, con quien puede dialogar, al igual que con el propio objeto.

En la segunda parte de este ejercicio, el practicante debe imaginar que contempla una estatua que lo representa, observando gradualmente todos sus detalles y descubriendo cómo se ve él reflejado en ella desde afuera o introduciéndose mentalmente dentro de ella. Imaginar la presencia de Jesús, que observa la escena, y dialogar con Él es el corolario de esta rica experiencia imaginativa de autoconocimiento.

20 | Imaginación simbólica

El tronco de un árbol,
una cabaña en una montaña, un arroyo.
Identificarse con cada una de estas cosas.
Imaginar el diálogo que se mantiene
desde cada una de estas perspectivas.
Introducir a Cristo en la escena.
Dialogar con Él.

Verse representado en una estatua.
Imaginar que en una sala oscura
se ilumina poco a poco la imagen.
Tomar conciencia
de cómo uno se ve a sí mismo.
Dialogar con Cristo.

Ejercicio 21
Comentario

En esta variante del ejercicio 17, Anthony de Mello se propone que el practicante ponga en su justo lugar y valore en su exacta dimensión las experiencias dolorosas sufridas en el pasado, al compararlas con lo que significó y significa el sacrificio de nuestro Señor en la cruz, renovado permanentemente y, en especial, revivido al practicar este ejercicio. Frente al drama del Gólgota, todos los sufrimientos humanos se ven bajo otra luz.

Este ejercicio debería producir, en quien lo practique, una actitud de aceptación y humildad, a la vez que de gran devoción y agradecimiento hacia Jesucristo, que ofrendó Su vida por todos los hombres.

21 | Conciliación de recuerdos

Es una variación del ejercicio 17.
Regresar a un acontecimiento desagradable
del pasado reciente.
Revivir la experiencia.
Luego colocarse ante Cristo crucificado.
Sin pronunciar palabras;
sólo comunicándose sin hablar.
Relacionar el acontecimiento desagradable
y la realidad de Cristo crucificado.

Ejercicio 22
Comentario

Este ejercicio está destinado a que el practicante aprenda a valorar las cosas realmente importantes y valiosas de la vida, que por lo general no se aprecian debidamente porque se las considera "normales" y habituales, reparándose en ellas sólo cuando se las pierde. Por ello, imaginarse que se las está por perder o se las ha perdido permite empezar a apreciarlas. Así, mediante este ejercicio se puede aprender a ver lo bueno que existe en todas las cosas, como manifestación de la Divina Providencia.

Una vez obtenida la vivencia imaginaria de la pérdida que enseña a valorar lo perdido, transformando así la actitud de uno mismo frente a la vida, conviene imaginar que "todo se arregla" o que "todo fue un error", para entonces reinsertarse en la actividad cotidiana sin ningún regusto desagradable pero con una perspectiva más real.

En este ejercicio el practicante debe enfrentarse —entre otras cosas— con la posibilidad de su propia muerte. En este aspecto, se trata de un anticipo apenas insinuado del ejercicio siguiente, en el que la muerte física debe encararse en toda su crudeza.

22 | Valor de la vida

Imaginar una visita al médico
en la que se recibe el anuncio
de que se tienen sólo dos meses más de vida.
¿Con quién hablar?
¿A dónde ir? ¿Qué hacer?
De noche, frente a Cristo, en la capilla.
Redactar una carta al director espiritual.

Las mejores cosas de la vida son gratuitas;
sólo se aprecian cuando están por perderse.

Variaciones de este ejercicio
para apreciar otras cosas bellas:
Imaginar que se está en el cielo. O en la prisión...
Valorar el sentido de la vista, la salud,
la libertad,
la amistad.
O incluso insignificancias como el agua corriente,
la luz eléctrica, las sábanas de la cama.

Ejercicio 23
Comentario

Aquí Anthony de Mello propone contemplar con la imaginación la descomposición de cadáveres (una práctica de origen budista que los lamas tibetanos realizaban frente a cadáveres reales). Este ejercicio lleva al practicante a experimentar la vivencia de que la realidad última de todas las cosas materiales es su fugacidad, mientras que la de todo lo espiritual y divino es su eternidad. Por eso, si se lleva correctamente a la práctica, este ejercicio disolverá en el aire los "fantasmas de la mente" y —no obstante lo que a primera vista pueda parecer— proporcionará júbilo y paz.

Para seguir con la imaginación las nueve etapas que enumera el padre de Mello es necesario prepararse y tomar algunas medidas de precaución. Es fundamental evitar una identificación, consciente o inconsciente, del cadáver imaginado con alguna persona conocida, viva o muerta; se trata de evitar que los sentimientos que el practicante pueda tener hacia esa persona se proyecten sobre la imagen del cadáver y distorsionen la experiencia. Por eso es conveniente imaginar un cuerpo yacente sin rostro o, mejor aun, en una posición en que la cara no sea visible para el practicante. En cambio, cuando el cadáver que se contempla es el propio, la visualización no debe realizarse sobre el cuerpo real, sino creando una imagen mental de éste en una posición distinta (por ejemplo, si el practicante está sentado, visualizará su propio cadáver frente a sí y acostado).

Antes de comenzar el ejercicio convendrá esforzarse por eliminar miedos, dudas y todo exceso de emotividad, y también por lograr cierto distanciamiento que haga menos "dura" la vivencia. Lo más acertado sería rezar una oración preparatoria, como aconsejaba san Ignacio en estos casos, con el fin de pedir al Señor la gracia de sobrellevar la experiencia con éxito, en orden a su mayor gloria. Además, será inmensamente útil y tranquilizador visualizar la presencia amorosa y protectora de Jesús durante la práctica.

Al acabar el ejercicio sería deseable que el practicante pudiera sentir como propios los versos del poeta indio Kabir: "Muriendo cada día he muerto para el mundo; pocos saben morir así. Aquel que muere de muerte tan dichosa no muere jamás."

23 | La realidad (meditación budista)

Imaginar cadáveres
en varios estados de descomposición.
Primero, los de otros;
luego, el de uno mismo.

Imaginar:
1) El frío y la rigidez del cuerpo,
   poco después de la muerte;
2) El cadáver se va volviendo azul;
3) Aparecen grietas en la carne;
4) Algunas partes se descomponen;
5) Se descompone todo el cuerpo;
6) Se mantiene el esqueleto
   con alguna carne adherida;
7) Sólo queda el esqueleto;
8) No hay más que un montón de huesos;
9) Todo se ha convertido en polvo.

Conclusión: ¡Paz y alegría! Vivir profundamente.

Ejercicio 24

Comentario

En la vida moderna —sobre todo en el mundo occidental— hay poco tiempo para la reflexión y la contemplación interior. No son muchos los que al final de cada día, dedican algunos momentos a recordar cuanto han vivido y realizado en la jornada. Si esto se practica de manera adecuada y sistemática, se convierte en un medio sumamente eficiente de autoconocimiento y de purificación moral y espiritual.

La mejor forma de hacer este ejercicio es "rever" los acontecimientos de la jornada como en una película, proyectada sobre una pantalla imaginaria, que los muestra en sentido inverso a aquel en que se fueron produciendo, es decir, primero los más cercanos en el tiempo y luego los más lejanos. El practicante se mantendrá, al realizar este ejercicio, totalmente ajeno a su propia película, sin analizar ni juzgar, en la actitud de un observador desapegado. El solo hecho de tomar conciencia, desde afuera, de los propios actos y circunstancias tiene un poder transformador sobre el individuo, que mejora y se supera espontáneamente.

Durante la práctica de este ejercicio suelen producirse distracciones que interrumpen la "proyección de la película". En esos casos conviene rastrear el origen de la distracción, para descubrir por qué la conciencia se negó a seguir "mirando".

Este ejercicio, muy común en la práctica budista, permite "vivir la vida" en lugar de que ella "nos viva a nosotros". La presencia de lo divino se manifiesta así más claramente en nuestra existencia, que, guiada desde lo alto, es vivida con plena conciencia contemplativa. Al respecto, vienen muy al caso las palabras de Tomás de Kempis: "Hay pocos contemplativos, porque pocas almas son perfectamente humildes."

24 | Examen de conciencia según los budistas

Repasar el "filme" del día,
comenzando en el momento presente
y yendo hacia atrás.
Sin aprobar ni condenar: sólo observar.
Si se producen distracciones,
seguir cada una de ellas
hasta su origen.

Ejercicio 25
Comentario

Este ejercicio es casi una aplicación del anterior. En efecto, en la secuencia "fílmica" de los hechos recientes de su vida (del mismo día o la misma semana), el practicante debe ahora seleccionar un acontecimiento aislado, contemplarlo en detalle y buscar en él la presencia activa y benéfica de Cristo. Esta práctica requiere gran concentración mental, para estar en condiciones de detener la "proyección" de la secuencia de visualizaciones. Pero también requiere gran devoción, para encontrar al Señor, no ya en todas las cosas creadas, sino en todos los actos y situaciones de nuestra vida.

Este ejercicio —como la mayoría de los de esta segunda parte— es esencialmente un medio para avanzar por el camino del autoconocimiento, que en buena medida coincide con el camino del acercamiento a Dios. En particular, permite que el practicante tome conciencia de todas las cosas buenas que, en forma de hechos concretos y de posibilidades, le ofrece permanentemente el Señor. Esto le servirá para aprender a reconocerlas y a obtener provecho de ellas, alcanzando la plenitud como ser humano creado a imagen y semejanza de Dios, y para conocer y cumplir mejor los designios divinos, lo cual es de particular importancia en la práctica de la oración. Porque, como dijo san Gregorio, "con nuestra petición merecemos recibir lo que Dios desde toda la eternidad tenía pensado darnos".

25 | Conciencia del pasado

Repetir el ejercicio anterior.
Profundizar en un acontecimiento,
en una escena sola.
Cada gesto, cada palabra, cada mirada,
cada reacción dicen algo sobre uno mismo.
No analizar; sólo *mirar*.

Paso siguiente: Cristo estuvo allí.
¿Es posible verlo?
Encontrarlo.

Ejercicio 26

Comentario

Este ejercicio coincide con el anterior en cuanto a la técnica que se debe emplear para realizarlo y al objetivo perseguido. Pero difiere en un aspecto esencial: el practicante debe observar hechos imaginarios de su futuro posible. Como en ocasión de varios ejercicios anteriores de esta segunda parte, deberá dejar que los hechos se desarrollen por sí solos, contemplándolos sin pensar en ellos ni dirigirlos de manera voluntaria.

El practicante deberá imaginar cómo se presentará, en un par de horas, al día siguiente o dentro de una semana, alguna cuestión o algún aspecto de su vida que haya elegido para hacer este ejercicio. Y, en una segunda etapa, también deberá imaginar cómo podría haber sido algún acontecimiento pasado si se hubiera desarrollado de acuerdo con sus deseos presentes. En una palabra, se trata de que el practicante se enfrente con sus propias expectativas y así se conozca mejor. Pero de ninguna manera se trata de que se engañe a sí mismo, viviendo en un mundo de irrealidad y fantasía.

Este ejercicio y el anterior, sumados, proporcionan una clara conciencia del presente inmediato: estrecha frontera entre un pasado que ya no es y un futuro que aún no llegó. Y es la conciencia de que nuestra realidad interior transcurre en este perpetuo presente lo que sirve de invalorable ayuda para encontrar a Dios y dialogar con Él, que está fuera del tiempo (y del espacio).

26 | Percepción del futuro

Proceder igual que en el ejercicio 24,
pero comenzando desde el momento presente
hacia adelante,
reviendo el "filme" de los posibles
acontecimientos futuros.
Acontecimientos posibles: hoy y mañana.
Mirar. Observarse a sí mismo.
Ver los mismos sucesos pasados
como a uno le gustaría que hubiesen sido.
Verse a sí mismo viviéndolos.
Encontrar a Cristo y su acción
en cada uno de estos acontecimientos futuros.
No tomar resoluciones;
sólo observar.

Ejercicio 27
Comentario

La propuesta de Anthony de Mello es ahora utilizar la técnica aprendida en los ejercicios 24, 25 y 26 y con ella descubrir al "otro", al prójimo, creado —al igual que uno mismo— "a imagen de Dios". Es a este prójimo, a quien se debe amar como a uno mismo así como también se debe amar a Dios, que deberá reconocer el practicante en "la película de su propia vida", no sólo con los sentidos sino también con la mente y con el corazón; deberá reconocerlo como persona y no como mera proyección de sí mismo.

Por eso, visualizar y tomar conciencia de la participación del otro en la propia vida es el primer paso para respetarlo, aceptarlo y amarlo. Encontrar la presencia de Cristo en el prójimo es el otro paso, que además permite abrir el alma al amor que Él nos prodiga. Este tener en cuenta al otro también cambia nuestra actitud frente a la oración, pues si "la necesidad nos lleva a pedir por nosotros, la caridad fraternal nos llama a rogar por el prójimo" (san Juan Crisóstomo).

27 | Sensibilidad ante las personas

Repetir cualquiera de los ejercicios 24, 25 ó 26.
Esta vez concentrarse en percibir
a las personas que uno encuentre,
tomando conciencia de cada una por separado.
Ver a Cristo en ellas.
Ver a Cristo que viene hacia uno
sin darse a conocer,
como en Emaús o en el lago de Tiberíades,
pero con forma humana.
Reconocer a Cristo.
Amarlo, servirlo, adorarlo.

Ejercicio 28
Comentario

Con este ejercicio —síntesis y culminación de los anteriores— concluye la segunda parte. Todas las prácticas previas tenían un objetivo último que aquí se vuelve explícito: adiestrar la mente para fijarla en el Señor y así adorarlo en continua oración con el corazón.

Llegados a este punto, ya no es necesario apelar a ningún recurso especial para hacer patente la presencia de Jesús. Es Él quien se hace presente con sólo invocarlo mediante la oración. Todas las facultades del alma deberían estar ya preparadas para que el practicante pueda llegar a la contemplación, dejándose llevar por la devoción que emerge de su corazón. Y al contemplar al Señor logra comprender y aceptar sus designios, en actitud de agradecimiento. Esto significa, para el practicante, el comienzo de una gran transformación en su vida y en su espíritu. En efecto, "aun cuando nuestro hombre exterior se va desmoronando, el hombre interior se va renovando de día en día", "pues las cosas visibles son pasajeras, mas las invisibles son eternas" (2 Co 4, 16 y 18). Así se ha dicho y así es, tal como podemos vivirlo a través de la oración.

28 | Otras vacaciones

Regresar a un acontecimiento del pasado,
no importa cuan insignificante pueda haber sido.
Poner a Cristo en él, como en una "contemplación".
Notar lo que sucede.
Regresar a un acontecimiento que ha causado dolor.
Hacer un acto de fe: Dios lo ha querido y controlado,
aun si se le echa la culpa
(como Él quiso y controló la Pasión).
Si se ama a Dios, se sacará mayor bien del suceso
("¡Oh culpa feliz!", "¡Oh pecado necesario de Adán!").
Pedir a Dios que ponga en evidencia el bien
que tiene planeado sacar de él, o que ya ha sacado.
Alabarlo con un himno: "Gloria al Padre",
dicho con palabras propias.
Hacer lo mismo
con respecto a cualquier acontecimiento futuro.
Agradecerle al Señor por lo que habrá de suceder.
Agradecerle el resultado por adelantado.

Introducción

"Devoción" es una palabra que se explica con otras palabras, se siente con el corazón y se practica con actos, uno de los cuales —principalísimo— es la oración. La devoción es la máxima manifestación humana de la fe en Dios y del amor a Dios, y está hecha de veneración, fervor, entrega, pasión gozosa y dolorosa. Las palabras organizadas racionalmente no alcanzan a describirla, se limitan a enumerar sinónimos. Pero —al margen de la vivencia personal, que es insustituible—, la alegoría poética permite aproximarse al tema, aunque "desde afuera". Así, para san Francisco de Sales, "la devoción es el verdadero azúcar espiritual". Y el propio Jesús compara la devoción con la sed: "Si alguno tiene sed, venga a mí; y beba el que crea en mí" (Jn 7, 37-38). En última instancia, la devoción es el deseo irrefrenable de servir al Señor, entregándose a Él con toda el alma.

La búsqueda de Dios es un camino misterioso. Un maestro del sufismo (doctrina islámica con fuertes influencias cristianas y de algunas religiones de la India) dijo cierta vez: "Durante treinta años busqué a Dios; pero, cuando miré con atención, vi que, en realidad, Dios era el Buscador y yo el buscado." Y algo coincidente dice san Ignacio: "el Señor me da crecidos deseos de servirle al mismo Señor". Dios es el imán que atrae y es atraído. Por eso la devoción es una vía doble para dialogar con Él, para orar, meditar y llegar a la contemplación.

La tradición cristiana en materia de oración devocional es riquísima. A partir del propio Jesús —que es el Maestro de la oración—, se han transitado muchos caminos, pero (pese a sus grandes diferencias y a veces a sus aparentes contradicciones) todos conducen a Dios. Si la oración está dirigida por el corazón —y esto es lo que sucede cuando es devocional— no puede errar. Bien lo dijo Isaac de Nínive: "El corazón es el órgano central de los sentidos interiores, el sentido de los sentidos, puesto que es la raíz. Si la raíz es santa, todas las ramas lo serán también."

La devoción no sólo es patrimonio del cristianismo. En Oriente, sobre todo en la India, tiene un papel preponderante en las religiones y también en doctrinas filosófico-religiosas como el yoga. Según ya dijimos, una de sus formas tradicionales, el bakti yoga, es eminentemente devocional (*bakti* significa

Tercera parte
Oración devocional

"devoción"), aunque otras formas, como el raja yoga, también incluyen este aspecto en sus prácticas.

El bakti yoga escalona el amor a Dios en nueve etapas sucesivas y progresivas, lo cual brinda una idea de la complejidad y riqueza alcanzadas por su doctrina y su práctica. Dichas etapas son: 1) Escuchar las alabanzas a Dios; 2) Glorificarlo con cantos y alabar su Santo Nombre; 3) Recordar con amor su Divina Presencia; 4) Adorarlo con gestos externos; 5) Adorarlo con ritos según lo establecen los Libros Sagrados; 6) Obedecerlo; 7) Ser su esclavo; 8) Ser su amigo; y 9) Entregarse a Él en vida.

Muchas de las técnicas del bakti yoga interesaro a al padre Anthony de Mello, que las adaptó a las enseñanzas y las prácticas del cristianismo. Las presenta aquí, en la tercer parte de esta obra, junto con muchas otras técnicas provenientes de la vasta y rica tradición devocional cristiana, centrándolas todas en su aspecto más importante, que es la oración.

Para realizar los ejercicios de esta tercera parte, por su carácter devocional no es necesario prepararse demasiado ni seguir instrucciones muy precisas. En efecto, el amor a Dios que mueve al practicante es el punto de partida desde el cual se accede a las prácticas, y ese amor, si es intenso, vence todos los obstáculos. Así, por ejemplo, queda superado el problema de la distracción —a la que Anthony de Mello constantemente señala como el principal enemigo de la oración—, puesto que "quien ama profundamente no se distrae", como se dice en un texto sagrado de la India.

Por supuesto que el ser humano es imperfecto y también son imperfectas las manifestaciones de su amor. En razón de esto pueden utilizarse con provecho cualesquiera de las técnicas propuestas por el padre de Mello en la primera y la segunda parte (especialmente las relacionadas con la relajación y con la creación de un ambiente imaginario para orar). Sobre todo, es muy útil emplear la respiración profunda y lenta para conseguir o recuperar la concentración. Además, puede recurrirse a todo lo que predisponga favorablemente para la devoción, como realizar lecturas espirituales, contemplar imágenes sagradas o quemar olíbano (incienso puro).

Para alcanzar los objetivos de cualquiera de las técnicas propuestas de oración devocional, el principal requisito es tener devoción, una devoción profunda hacia Dios. Muchas veces ella se va cultivando y desarrollando; otras, se da como un impulso natural y espontáneo dirigido hacia el Señor. Pero siempre es Él, que está en todas las cosas, quien nos da esa devoción como un don. Siempre es Él quien nos llama. Una lúcida e ilustrativa descripción de la devoción, que es estimulada por la oración y a su vez permite encaminarse hacia la total comunión con Dios, es la que hace santa Ángela de Foligno: "Cuanto más ores, más iluminado serás. Y cuanto más seas iluminado, tanto más profunda y esclarecidamente verás al Sumo Bien y a su infinita bondad. Y cuanto más profunda y excelentemente lo veas, tanto más lo amarás. Y cuanto más lo ames, tanto más feliz serás. Y cuanto más feliz seas, tanto más lo comprenderás y te harás capaz de comprenderlo. Por último, llegarás a la plenitud de la luz, porque comprenderás que no puedes comprender."

*Enséñame a buscarte
y muéstrate a quien
te busca; porque
no puedo.ir en tu
busca a menos que
tú me enseñes,
y no puedo
encontrarte
si tú no te
manifiestas.
Deseando
te buscaré,
buscándote
te desearé,
amando
te hallaré
y hallándote
te amaré.*

SAN ANSELMO

Ejercicio 29
Comentario

A comienzos del siglo VI, san Benito de Nursia, que anteriormente se había dedicado a la vida eremítica, instituyó un nuevo tipo de vida monástica basada en una regla rigurosa y consagrada fundamentalmente a la oración.

La oración practicada según el método benedictino puede llevarse a cabo en forma individual o en grupo, y en este último caso se deberá contar con la presencia de un director. Antes de iniciar el ejercicio convendrá relajarse, preferentemente en posición yacente, para aquietar la actividad mental y volcar la atención hacia adentro de uno mismo. Luego se pasa a la práctica, que consta de tres etapas.

En la primera de ellas, la *lectura*, se elige un texto sagrado o una obra de contenido espiritual y se comienza a leer un fragmento. Se prosigue la lectura hasta que alguna frase atrapa la atención del practicante, en el caso de que se halle a solas y leyendo en voz baja o mentalmente, o bien hasta que concita el interés del director —que está a cargo de la lectura en voz alta—, en el caso de que la práctica se realice en grupo. (Conviene que el texto elegido sea conocido, para que no obligue a pensar ni genere curiosidad o inquietud, lo cual daría lugar a distracciones.)

Se pasa, entonces, a la segunda etapa del método benedictino, la *meditación*, que consiste en repetir la frase elegida, por lo común en voz alta, pero también mentalmente o "con el corazón". La frase inspiradora se repite en forma regular, dejando un intervalo de silencio —de no más de un minuto— entre una y otra vez, para que su contenido devocional penetre y se arraigue en el corazón. El eco interno que despierta el sonido de las palabras repetidas regularmente juega un papel preponderante en esta etapa, por lo cual la actitud mental del practicante deberá ser de serena expectativa, tanto frente a los sonidos externos como a los internos.

Luego se pasa a la tercera etapa, la *oración*, y, de ser posible, se llega hasta la *contemplación*. Se recomienda orar brevemente y repetir varias veces la serie prescrita de tres etapas.

29 | Método de los benedictinos

1. *Lectio;*
2. *Meditatio* (con la boca, no con la mente);
3. *Oratio* (y *Contemplatio*).

En el grupo de oración,
después de un período dedicado a sosegar la mente
por medio de ejercicios de percepción,
el director lee o canta
algunas frases de la Sagrada Escritura.
Larga pausa.
Otra frase.

Ejercicio 30
Comentario

Mozart afirmaba que en la música excelsa es fundamental el silencio introducido entre las frases sonoras de la partitura. El método benedictino de oración, cuando se lleva a cabo en grupo, procede de manera inversa, incorporando el sonido —en forma de cánticos piadosos— en medio de un intervalo de silencio. Mediante este recurso, por contraste, los practicantes toman conciencia del silencio, tanto interior como exterior, que es esencial para establecer una comunicación directa con Dios.

Por otra parte, la palabra cantada o salmodiada —que resalta por su sonido, no por su significado— sobre el silencio general que reina en la comunidad monástica, actúa acentuando la atmósfera piadosa. El sonido de la voz humana resuena, en la mente de cada uno de los participantes, más allá de lo conceptual y así, el sentido devocional del canto es captado por el corazón.

La emisión de palabras resonantes, a través del canto, sirve también para otra finalidad: interrumpir la modorra, la dispersión mental o la falta de atención de alguno de los practicantes (evidenciada por cabeceos y otros movimientos, por una postura incorrecta, etcétera). Una técnica semejante se aplica en las prácticas de meditación del budismo zen. En ellas, el maestro o un ayudante golpean al practicante con un bastón (llamado *kyosaku*) para hacerle notar que incurre en falta de concentración.

El uso del sonido tal como se indica en este ejercicio es una gran ayuda para la oración. Junto con los cánticos, las plegarias llegan al Señor, y con el silencio se llega *directamente* a Él. "El que canta ora dos veces", dijo san Agustín; cantando se alaba doblemente al Señor.

30 | Cantos

Se realizan al principio
de la contemplación personal o en grupo.
Palabras resonantes, para intensificar el silencio.
"Kyrie Eleison" en tono recto.

En la contemplación en grupo,
interrumpir el silencio periódicamente
con cantos muy breves,
para intensificar el silencio.
El significado de las palabras no es importante
y no es necesario prestarle atención.

Ejercicio 31
Comentario

La oración vocal, la repetición de plegarias establecidas o cristalizadas por la tradición, se viene practicando desde los inicios del cristianismo (con el padrenuestro, por ejemplo). Muchas veces olvidada y aun despreciada, esta manera de orar permite alcanzar niveles de oración muy elevados, incluso la oración mental y la contemplación.

San Juan Clímaco, asceta del siglo VI, consideraba que era necesario desprenderse primero de los vicios para luego adquirir las virtudes, y que las lágrimas eran el elemento de purificación necesario para alcanzar el clímax (de allí su apelativo: Clímaco). Este santo practicó una forma muy sencilla y bella de oración vocal, que hace posible repetir innumerables veces una misma plegaria sin caer en un "automatismo", pues cada vez que se la dice es distinta de la anterior.

El método consiste, en primer lugar, en visualizar con la mayor precisión posible la Persona a la cual se dirige la oración (Jesucristo, la Virgen María, etcétera). Si se tiene éxito en la visualización, se experimenta una presencia muy definida, que a su vez despierta en el corazón un sentimiento de devoción muy particular. Llegado a este punto, el practicante comienza a elevar la plegaria, *palabra por palabra*, meditando sobre el significado de cada una antes de pasar a la siguiente. Y las palabras, como los cánticos, como el incienso, llegan al Señor.

31 | Juan Clímaco

**Recitar oraciones vocales poniendo atención perfecta
en las palabras;
en la Persona a la cual se dirigen.**

Ejercicio 32
Comentario

La Oración de Jesús consiste en repetir incesantemente el nombre de Jesús o alguna breve plegaria que lo contenga, como: "Jesucristo, Hijo de Dios, mi Señor, ten piedad de mí." Este tipo de oración es muy practicada entre los cristianos orientales, particularmente los griegos y los rusos, que remontan su origen a los apóstoles, en particular a san Pablo, que exhortaba a orar constantemente (1 Ts 5, 17).

La repetición incesante de una oración, un aforismo o una palabra sagrada es común en las prácticas devocionales de la India, sobre todo en el yoga. La repetición de frases o nombres sagrados —sea con el corazón o en forma puramente "mecánica"— actúa como un *mantra*, produciendo los efectos buscados por la oración. En este sentido es cierto lo que dice Gustav Meyrink: "La oración es una flecha apuntada al oído de Dios."

En los *Cuentos de un peregrino ruso* (obra clásica del hesicasmo) se describe cómo actúa la Oración de Jesús. Un peregrino que la recitaba continuamente relata: "Sentí tras un lapso no demasiado largo que la oración iba pasando por sí sola al corazón. Es decir, el corazón comenzaba a pronunciar, junto con cada latido acostumbrado y muy profundamente, las palabras de la oración... Dejé de decir la oración con los labios y escuché, ávido, cómo el corazón la decía."

Se puede reforzar el efecto de la Oración de Jesús invocando la ayuda del Espíritu Santo y también visualizando a Jesucristo. Conviene visualizarlo en el corazón "místico", que no es el corazón físico sino que, para el bakti yoga, está ubicado unos centímetros por encima de la boca del estómago. Allí surgirá en todo su esplendor la figura del Señor.

32 | Oración de Jesús

Invocar al Espíritu Santo,
sin cuya ayuda es imposible pronunciar
el nombre de Jesús fructuosamente.
Imaginar a Jesús delante de uno mismo
(¿en qué forma? ¿niño, crucificado, resucitado?),
o bien dentro del corazón
o entronizado en el centro de la mente.
Pronunciar el nombre de Jesús
cada vez que se expira el aire de los pulmones.
Notar lo que se siente.
Pronunciar el nombre de Jesús
con diferentes actitudes o sentimientos:
adoración, amor, confianza,
entrega, deseo, arrepentimiento.
Escuchar que Él pronuncia a su vez el nombre de uno.
¿Cómo se reacciona cuando Él lo pronuncia?
¿Qué se siente?

Ejercicio 33
Comentario

Este ejercicio complementa al anterior, introduciendo una práctica común en la India, que consiste en alabar a Dios pronunciando sus mil nombres. Como en el cristianismo no existe tal variedad de nombres divinos, Anthony de Mello propone inventar nombres para Jesús, adjudicándole los atributos y cualidades sugeridos al practicante por su propia devoción.

Cada nombre así creado se articulará mentalmente acompañando a la respiración. Con cada exhalación se creará un nuevo nombre y se lo pronunciará con el corazón. Luego, se demorará unos segundos el momento de la inhalación, para permitir escuchar, en medio del silencio interior, el nombre que el practicante recibe o imagina recibir de Jesús.

Nombrar y calificar a Dios es describirlo, admirarlo y conocerlo. Por lo tanto, es amarlo, es entregarse a Él; es una forma de orar.

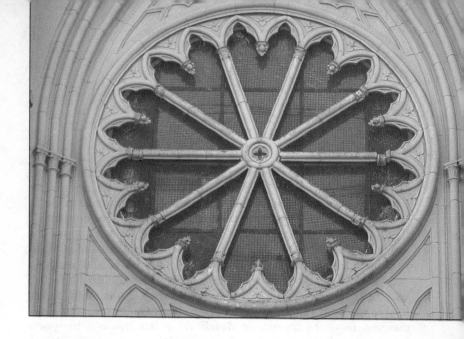

33 | Los mil nombres de Dios

Repetir el ejercicio anterior.
Luego inventar nuevos nombres para Jesús,
cada vez que se expira el aire de los pulmones.
Inspirarse en la creatividad del salmista:
"mi Roca", "mi Escudo", "mi Canción", ...
Así: "Jesús, mi Vida", "Jesús, mi Gozo",
"Jesús, mi Fortaleza"...

Imaginar a Cristo inventando nombres para uno.
Imaginar a Cristo inventando para uno
algunos de los mismos nombres que uno inventó para Él.

Ejercicio 34

Comentario

En este ejercicio, que recoge una práctica habitual en santa Teresa de Ávila, el padre de Mello propone que el practicante exponga su alma a la influencia amante y bienhechora de la mirada de Jesús. "Mira que te mira amorosa y humildemente", decía la santa.

Este ejercicio es de carácter puramente contemplativo. Santa Teresa lo denomina Oración de Quietud. En ella, el alma se recoge y roza lo sobrenatural. En este trance, las facultades no están perdidas sino que se hallan en el alma. En cambio, la voluntad está dotada de potencia, pero se entrega por propia decisión a Dios. Es un estado donde no existe deseo y tampoco se quiere pedir. Sólo queda el gozo de dejarse amar por Dios.

Este ejercicio permite tomar conciencia del poder de la mirada de Jesús, de la mirada con que permanentemente nos mira. Una gran ayuda para lograrlo es que el practicante visualice al Señor de pie, frente a él, e imagine que Su mirada lo abarca por completo o bien se detiene en algún punto particular de su cuerpo. Si mantiene esta imagen el tiempo suficiente, el practicante llegará a experimentar una presencia cálida que trasciende lo físico, una presencia amorosa que lo contempla y lo acepta tal cual es.

34 | Notar que Él te mira

El método que recomendaba santa Teresa:
"Mira que te mira."
Verlo a Él que te mira,
amante, humilde.
Deja que te ame.

Ejercicio 35
Comentario

Muchos grupos cristianos protestantes orientan su culto a provocar un encuentro vivencial con Dios, mediante abundantes jaculatorias y reclamos; los pastores suelen clamar al Señor con arranques de éxtasis e invocando la presencia activa de Jesús entre los profesantes. Éstos la reciben sin temor ni resistencia, pues la figura convocada lo es en su carácter de benévola, compasiva y tolerante, que acepta al profesante tal cual es, con sus méritos y sus defectos, sin exigirle que cambie.

Por supuesto que todos tenemos cosas de las que arrepentirnos y aspectos en los cuales cambiar. Pero es bueno saber que Jesús no es una persona autoritaria que nos lo exige, sino alguien que, al amarnos incondicionalmente, nos acepta tal cual somos y nos concede la libertad de que cambiemos por nosotros mismos.

Habiendo tomado conciencia del amor incondicional de Jesús, sea por la presencia de un oficiante o bien por una profunda convicción interior, el practicante podrá convocar más fácilmente la presencia de Jesús junto a sí, convirtiéndola en un "encuentro". Utilizando la técnica recomendada en el ejercicio anterior, debería tratar de sentir que la mirada de Jesús lo atraviesa, desnudando todas sus debilidades pero aceptándolas. El momento más adecuado para lograr este resultado es al inhalar, durante la respiración.

Dios nos ama tal cual somos, tal cual Él nos hizo, concediéndonos la libertad de superarnos. Compenetrado de esto, el practicante podrá orar con el corazón, de manera sencilla, humilde y espontánea, dirigiéndose directamente al corazón de Jesús.

35 | El corazón de Cristo

Método de un pastor protestante
para meditar el encuentro con Cristo:
1. Cristo, el Señor Resucitado, está aquí presente.
2. Cristo te ama y te acepta tal como tú eres,
   con amor incondicional.
3. Hablar a Cristo.

Ejercicio 36

Comentario

El nombre de Jesús, como todo nombre divino, actúa en el corazón, movilizando energías; en este sentido, cumple la función de un mantra. Al nombrar a Cristo se siente su Divina Presencia, que se manifiesta como una energía comparable a los rayos del sol, al decir de Gregorio Palamas, uno de los padres del cristianismo oriental.

Este ejercicio está estrechamente relacionado con el número 32, dedicado a la Oración de Jesús. Pero, en este caso, la invocación del Nombre Divino tiene el poder de convocar la presencia del Señor. Por eso Yahveh no reveló su nombre y dijo a Moisés: "Así dirás a los israelitas: 'Yo soy' me ha enviado a vosotros." El cristiano, en cambio, invoca en toda circunstancia el nombre amoroso de Jesús. Es más, "se conquista a Dios por las obras o bien por la invocación constante del nombre de Jesús" (san Gregorio el Sinaíta).

Para realizar este ejercicio se puede encararlo como una manera diferente de rezar el rosario. Partiendo de una postura de meditación (sentado con la espalda erguida, en una silla o en el piso), el practicante pronuncia en voz alta el nombre de Jesús, a la vez que corre una cuenta del rosario. Repite el Nombre constantemente, deteniéndose sólo para inhalar y siempre corriendo las cuentas de a una por vez. Irá disminuyendo la intensidad del sonido en forma gradual, hasta convertirlo en susurro, que transformará luego en repetición mental y, por último, en silencio.

Es fundamental que el practicante realice cada repetición con profundo sentimiento y unción, manteniéndose atento a las maneras en que el Señor se va manifestando en su interioridad.

36 | El Nombre como presencia

El Nombre significa presencia.
Meditar la Presencia.
Pronunciar el Nombre despacio.
Sentir la presencia de Jesús que crece en uno.
¿En qué forma?
¿Imaginativa? ¿Como luz?
¿Como devoción y unción?
¿Como oscuridad y sequedad?
Cuando la Presencia es intensa, descansar en ella.
Recurrir al Nombre nuevamente,
cuando la Presencia se atenúe.

Ejercicio 37
Comentario

En la oración de intercesión no se pide a Dios por uno mismo sino por el otro, en un acto de caridad fraterna. Dijo san Crispino: "Si no decimos 'Padre mío', sino 'nuestro', ni 'dame', sino 'danos', es porque el Maestro de la unidad no quiso que las peticiones fueran individuales, pidiendo cada uno para sí."

Un aforismo sufi dice: "El vino de la gracia de Dios no tiene borde; si parece tenerlo, es por la copa." Por medio de la intercesión, el hombre, pálido reflejo del amor divino, devuelve parte de ese Amor que recibe. Los devotos de una rama del budismo cumplen la promesa de "salvar a todos los seres", intercediendo por ellos, para liberarlos del dolor y hacerlos felices. Para el cristianismo, la intercesión "es lo propio de un corazón conforme a la misericordia de Dios: la intercesión cristiana se realiza por todos los hombres" (*Catecismo de la Iglesia Católica*).

El primer paso de este ejercicio de oración consiste en determinar quién o quiénes necesitan de la intercesión. Para esto, el practicante, utilizando las técnicas acerca de la imaginación descriptas en la segunda parte, visualizará contra un límpido cielo celeste una paloma blanca envuelta en luz (símbolo del Espíritu Santo), y le enviará una súplica personal con el objeto de conocer por qué o por quién deberá rezar. Hecha la súplica, creará un profundo silencio interior, dejando su mente en actitud receptiva. El dato pedido le llegará en forma de imágenes o de palabras, y ya estará listo para pasar a la oración de intercesión.

El practicante se pondrá entonces en contacto con Cristo, visualizando Su rostro, Su túnica de lino, y recordando acontecimientos de Su vida, Sus enseñanzas, etcétera. Y, con la mayor emoción que sea capaz de sentir, pedirá al Señor que lo invista momentáneamente de Su Fuerza de Vida, Luz y Poder, con el objeto de dirigirlos hacia el prójimo sufriente. El practicante visualizará entonces un paisaje natural en el cual se encuentren la persona en cuestión y él mismo. Allí colocará ambas manos sobre la coronilla de dicha persona, pidiendo que descienda sobre ella el amor infinito de Jesús. Este amor puede manifestarse como una luz color de amatista que, saliendo de Su corazón, fluye hacia el del practicante y llega, a través de las manos de éste, hasta la coronilla de la persona, derramándose sobre ella.

37 | Intercesión

Ponerse en contacto con Cristo.
Imaginarse a uno mismo
inundado con su Vida, Luz y Poder.
Con la imaginación,
colocar las manos sobre cada persona a la que se ama.
Habitar en cada individuo.
Pedir que el amor de Cristo descienda sobre él,
sin palabras.
Verlo iluminarse con la vida y el amor de Cristo.
Verlo *transformado*.
Al sentirse cansado,
regresar a la presencia fortalecedora de Cristo
y descansar en ella por un momento.
Cuando se esté recuperado,
regresar a la imposición de las manos.

Hacer lo mismo por cada persona
encomendada al cuidado de uno;
por cada persona por la que se tenga la obligación de rogar;
por los "enemigos"; por aquellos que a uno no le gustan;
por aquellos a quienes uno no les gusta.
El poder de Cristo pasa por las manos del practicante
a cada u 10 de ellos.
Orar por naciones enteras, por la Iglesia...
Dejar la mente en blanco por un momento
y permitir que el Espíritu Santo
sugiera personas o intenciones por las cuales orar.
Prodigar los tesoros de Cristo sobre los demás.
¡Son infinitos!
Mientras más se los derrame sobre los demás,
más crecerán en el propio corazón.

Importancia de la intercesión:
san Ignacio en la parte X de las Constituciones;
san Francisco Javier; el Cura de Ars; la práctica de san Pablo.
La visión de Teilhard de Chardin de la monja en oración.
Las propias prácticas y recomendaciones de Jesús.
El sentido del cielo y la alegría que viene de la intercesión.
Es el único "trabajo" de Cristo hoy (Rm 8, 33-34 y Hb 7, 24-25).

Ejercicio 38
Comentario

En este ejercicio se recurre al poder del Nombre de Jesús para la Salvación. El Nombre de Jesús cura el cuerpo, la mente y el espíritu, echa a los demonios y comunica el Espíritu Santo. Acompañando a la función respiratoria, el Nombre permite que el orante se vuelva hacia su propia interioridad y encuentre la simplicidad del niño. Está claro que el Nombre de Jesús debe ser mencionado con amor intenso, pero también con perfecta concentración, aunque —como ya se sabe— "el amor es suficiente" (Rabindranath Tagore).

Para lograr esa concentración, en la India se utiliza una técnica denominada *japa mantra*, que consiste en repetir incensantemente alguno de los nombres de Dios, después de realizar una serie de intrincados ritos propiciatorios y purificatorios, destinados a "invitar al mantra a habitar en el corazón". Uno de éstos es el *nyasa*, que consiste en proyectar el poder de Dios tocando diversos puntos del propio cuerpo, con el objeto de despertar las fuerzas sagradas latentes en la carne.

Para llevar a cabo este ejercicio, en su aspecto equivalente al ritual nyasa, el practicante procederá a tocar con los dedos de la mano derecha cada una de las siguientes partes de su cuerpo: ojos, oídos, labios, lengua, manos, pies, rodillas, abdomen, corazón, garganta, entrecejo y coronilla. Con el objeto de facilitar la concentración, podrá también visualizar una luz color de amatista que va impregnando cada una de las partes mencionadas. Seguidamente se imaginará a sí mismo de pie ante la persona, entidad o comunidad a la que quiere bendecir con la presencia del Señor, repitiendo la última parte del ejercicio anterior (la escena en el paisaje natural). Durante toda la práctica se deberá mantener una respiración lenta y profunda.

38 El Nombre como salvación

El Nombre trae Presencia,
pero Presencia salvífica.
Jesús significa Salvador.
"Porque no hay bajo el cielo
otro nombre dado a los hombres
por el que nosotros debamos salvarnos" (Hch 4, 12).

Salvación: perdón de los pecados,
curación para el hombre entero.
El Nombre pronunciado una vez con amor
trae el perdón de todo pecado.
Recordar la historia del hombre santo
enojado con el discípulo por haber éste pedido
al rey asesino que recitara el nombre de Dios tres veces.
El Nombre como medicina que cura al hombre completo:
Mahatma Gandhi y la pérdida del miedo;
la cura de toda enfermedad
sólo por medio del Nombre de Dios;
"la medicina del pobre".

Recibir el Nombre suavemente,
deseando ser llenado con la Presencia de Jesús.
Luego, "ungir" cada uno de los sentidos y facultades
con este Nombre.
"Ungüento derramado es tu nombre"
(Cantar de los cantares 1, 3).
Ojos, oídos, labios, lengua, manos, pies...
Memoria, entendimiento, voluntad,
imaginación, corazón...
Ver cada sentido, cada miembro, cada facultad
inundados con la Presencia y el Poder de Jesús.
Derramar esta unción sobre cada una de las personas
por las cuales se quiere orar, ... sobre los enfermos.
Ver a cada uno de ellos iluminarse con el Poder de Jesús.
Hacer esto mismo por las casas, por las comunidades.

Ejercicio 39
Comentario

San Iganacio de Loyola recomienda, en las *Instituciones* de la Compañía de Jesús, "imitar y seguir", así como "admitir y desear, con todas las fuerzas posibles, cuanto Cristo nuestro Señor ha amado y abrazado". Este es el principio de lo que llama "santos deseos". Estos deseos se potencian a través de la imaginación, que les da alas, y se concretan a través de la oración. Los deseos se refieren a uno mismo, pero también —y sobre todo— a los demás: personas, comunidades, instituciones. Expresar intensa y amorosamente los deseos a Dios es equivalente a orar. El amor y la fe son el motor de esta actitud de confianza en la solícita respuesta del Señor.

Para favorecer la oración por santos deseos, el practicante podrá apelar a la visualización y a dirigir su emoción. Con esa finalidad, recurrirá a proyectar una imagen, tan definida como una fotografía, de sus propios deseos para los demás (y también para sí mismo, si este fuera el caso). Una vez logrado esto, exacerbará al máximo su emoción, pensando para ello intensamente en el cumplimiento ineludible de la petición y en la felicidad que la persona concernida experimentará cuando la oración sea escuchada por el Señor.

Al sentir que una emoción cercana a las lágrimas lo embarga, el practicante la "materializará" en forma de una luz que, saliendo de su corazón, envolverá la imagen del deseo, que se perderá de vista elevándose por el espacio celeste. Después de dar gracias a Dios, con la seguridad de que "verá" nuestra oración, el practicante retornará a sus actividades cotidianas. Pedir al Señor por los santos deseos es devolver una cuota de todo el amor que Él nos ha dado.

39 | Orar
"por santos deseos"

Propuesto por san Ignacio a los escolares y rectores.
Él mismo utilizaba, desde Loyola,
el "método de la santa ilusión":
"Santo Domingo y san Francisco hicieron esto;
yo debo hacer más."
Santa Teresa: "Procúrese a los principios andar
con alegría y libertad...
tener confianza... animarse a grandes cosas...;
quiere Su Majestad ánimas animosas." (Vida 13: 1-3).
Tener en cuenta que, por razones psicológicas,
no se puede alcanzar lo que no se puede ni siquiera "ver".

Expresar deseos para otros. Verlos transformados.
No se necesita hacer una oración explícita.
Sólo exponer los deseos a Dios.
Deseos individuales, para la comunidad, la provincia,
la orden, la Iglesia, el mundo.
Deseos propios.
Ver las grandes proezas de Javier, Claver, los mártires...
Hacerlos propios por medio del deseo, queriéndolos.
Identificarse con ellos a través de los deseos.
Deseos para hoy.
Verse a sí mismo siendo y actuando hoy
como a uno le gustaría actuar y ser.

Ejercicio 40

Comentario

Este ejercicio tiene como objetivo recordar y tomar conciencia de que nuestra existencia no depende sólo de las contingencias humanas, sino que está en las manos de Dios. Se trata de recuperar o de afianzar la noción de que Dios está en el centro de todas las cosas. Se trata de evaluar la magnitud de nuestros problemas y deseos humanos en relación con la omnipresencia divina. El resultado será encontrar nuestro lugar correcto, nuestra ubicación, frente a Dios.

El ejercicio es sencillo, pero requiere un grado suficiente de autoconocimiento, humildad y sinceridad para poder realizarlo con provecho. Consiste en hacer dos listas (sobre el papel, no en la mente), una de deseos y otra de problemas. Luego, se va considerando individualmente la manera de satisfacer cada deseo y de resolver cada problema. El practicante podrá imaginar cada situación y visualizar los desenlaces favorables, dando participación a Dios en el planteo y dejando en sus manos la solución. Aprenderá así a conocer a Dios y a confiar en Él. El resultado de todo esto podrá ser, quizás, el mismo que el de rezar un padrenuestro: aceptar a Dios como lo que realmente Es.

40 | Dios es el centro de todo

El hombre en el mundo moderno
es demasiado egocéntrico.
Hacer una lista de tantos deseos como sea posible,
de tantos problemas como sea posible.
¿Dónde encajan Dios y la búsqueda de Él en la lista?
Considerar un deseo o un problema por vez.
Preguntarse a uno mismo:
¿Cómo trato yo de satisfacer este deseo,
de resolver este problema?
Vivir imaginariamente la escena completa.

Considerar con cuidado los medios
para solucionar los problemas,
para satisfacer los deseos.
Exponer cada uno de estos medios a Dios
y someterlos a Su influencia. Ser sincero.
Lo importante aquí es la exposición, no los resultados.
Ver cada acción, pensamiento, etcétera,
como proveniente de Dios y dirigiéndose hacia Él.
Notar cómo uno se siente.

Ejercicio 41

Comentario

La descripción que da el padre de Mello de este ejercicio es suficientemente explícita. Sólo cabe agregar algunas pocas precisiones.

El practicante visualizará las llamas de fuego espiritual que surgen de su corazón, en medio de la oscuridad total, y con cada exhalación repetirá una de las frases exclamativas propuestas, que pueden o no ser invocaciones. Preferentemente lo hará visualizando, en cada paso, su grafía, que irá creciendo a partir del centro del corazón, extendiéndose por todo el cuerpo, mientras el sonido se convierte en un clamor que, acompañando a las letras, abarca toda la Creación. Cuando se alcanza una sensación de "gozosa expansión" (que es lo que generalmente sucede), se la mantiene el mayor tiempo posible, para luego descansar en el silencio.

"¡Oh llama de amor viva, que tiernamente hieres de mi alma el más profundo centro!" (san Juan de la Cruz). El amor a Dios brota y vuelve como amor de Dios; es el arrobamiento, es la unión.

41 | "Llama de amor viva"

Ejercicio basado en el libro místico inglés
Nube del desconocimiento
y en los versos sobre la "llama de amor viva"
de san Juan de la Cruz.

Tranquilizarse practicando
alguno de los ejercicios de percepción.
Entrar dentro de uno mismo con la imaginación.
Oscuridad y vacío interiores.
Moverse hacia el centro del ser.
Imaginar que se ve allí diminutas llamas de amor
que apuntan en dirección a Dios,
o manantiales que brotan hacia arriba,
o movimientos ciegos de amor.
Incorporar una palabra o una frase corta
para dar un ritmo a este impulso:
"Mi Dios y mi Todo";
"Oh, Jesús";
"*Abba*, Padre"; "¡Oh, Corazón!";
"¡Fuego!"; "¡Dios!"; "¡Amor!".
Escuchar la palabra.
Oír que crece, que resuena
en partes diferentes del propio ser:
en la cabeza, en el corazón...
hasta que todo el ser resuena con ella.
Luego todo el cuarto, toda la casa,
el universo entero.
Un grito nacido de las profundidades del propio ser
que se quiebra como el murmullo de las aguas,
por todo el mundo.

Ejercicio 42
Comentario

Este ejercicio se relaciona estrechamente con la Oración del Nombre de Jesús y con otras prácticas de ella derivadas. Ahora la propuesta es encontrar el sagrado Nombre en todos los sonidos de la creación.

Para practicar este ejercicio se debe permanecer en un lugar particularmente silencioso. Sentado cómodamente y con los ojos cerrados, el practicante evocará, en imagen y sonido, cada una de las letras del Nombre de Jesús. Luego de haberlo "deletreado" articulará mentalmente el nombre entero, prestando atención al sonido interior. Luego prestará atención a sonidos reales, mecánicos o naturales (el tic-tac de un reloj, el rugido regular de un motor, el batir de las olas, el ruido del viento entre el follaje), pero también musicales (instrumentales o vocales). Después de haber tomado conciencia de cualquiera de ellos, se tratará de imaginar que —al desarrollarse en el tiempo— esos sonidos van "pronunciando" el nombre de Jesús. Una vez que se haya logrado éxito con sonidos reales, se podrá pasar a hacer lo propio con sonidos imaginados.

Si el ejercicio se realiza de manera correcta, llegará un momento en que el sonido "Jesús" comenzará a vibrar en el corazón, junto con el que se pronuncia mentalmente o con la boca. Entonces ambos sonidos se fundirán en uno solo. Es el preludio de la unión con Dios. Inmerso en el sutil sonido cósmico, el practicante escucha la voz del Señor, que todo lo abarca e incluye: ¡Aleluya!

42 | El Nombre de Jesús en la Creación

"Os digo que si éstos [los niños] callan,
gritarán las piedras." (Lucas 19, 40)

Los cristianos oyen este Nombre en la entera Creación,
porque el mundo todo fue creado en Cristo y por Cristo.
Escuchar (en la imaginación) las olas del mar,
los sonidos del río, la brisa entre los árboles,
la "música" de las estrellas en el firmamento,
el silencio de la noche.
Escuchar el nombre de Jesús.
Escuchar sonidos mecánicos:
motores, máquinas, automóviles.
Escuchar el nombre de Jesús.
Escuchar el nombre de Jesús
que resuena en el propio corazón.
Ver el universo entero gritando por Él,
moviéndose hacia Él.
El Espíritu y su Esposa: ¡Entrad!

Índice

Se terminó de imprimir en el mes de marzo de 1996
en el Establecimiento Gráfico **LIBRIS S.R.L.**
MENDOZA 1523 (1824) • LANÚS OESTE
BUENOS AIRES • REPÚBLICA ARGENTINA